RÉFLEXIONS

SUR LES

CONSTITUTIONS.

DE L'IMPRIMERIE DE HOCQUET,
RUE DU FAUBOURG MONTMARTRE, N°. 4.

RÉFLEXIONS

SUR LES

CONSTITUTIONS,

LA DISTRIBUTION DES POUVOIRS,

ET LES GARANTIES,

DANS UNE MONARCHIE CONSTITUTIONNELLE.

PAR BENJAMIN DE CONSTANT.

PARIS,

H. NICOLLE, à la Libraire Stéréotype, rue de Seine, n°. 12.
GIDE, fils, rue de l'Arcade Colbert, n°. 2.

M.DCCC.XIV.

Je ne me suis point déguisé qu'en publiant cet Ouvrage, je m'exposais à être accusé de présomption. Des délégués du trône, des organes du peuple, vont délibérer sur les intérêts de la France, et sur la Constitution qu'il faut lui donner : appartient-il à un individu, sans mission actuelle, de mêler sa voix à ces voix imposantes ?

Je le pense, et les circonstances m'encouragent : les intentions sont pures, la puissance éclairée et bienveillante, la nation avertie par vingt-cinq ans d'expérience : rares faveurs du ciel, qu'il faudrait, cette fois, ne pas laisser perdre, et que chacun doit seconder de ce qu'il peut avoir de lumières !

Forcé de rédiger mon travail avec assez de rapidité, j'ai adopté un plan pour lequel j'avais moi-même quelque répugnance, celui de présenter une esquisse de Constitution. J'ai bien senti que par-là j'encourais un reproche d'autant plus fâcheux, qu'il prête à un certain ridicule : on pourra dire que j'ai eu la prétention d'offrir une Constitution pour la France.

Je déclare qu'en traçant une esquisse de Constitution, je n'ai voulu que mieux voir d'un coup-d'œil quelles questions j'avais à traiter, et mettre plus d'ordre et d'enchaînement dans mes idées ; le tems m'a manqué pour me débarasser ensuite du fil qui m'avait servi. Mais mon Ouvrage n'est point destiné à former un ensemble : je crois qu'il y a quelques détails qui peuvent être utiles ; quand il n'y en aurait qu'un sur vingt, ce serait déjà beaucoup.

Les principales questions que j'ai voulu examiner sont :

La nature du pouvoir royal.

L'hérédité de la Pairie, et la nécessité de ne pas limiter le nombre des Pairs.

La destitution des Ministres.

Le veto.

La dissolution des assemblées représentatives.

L'indépendance du pouvoir judiciaire.

La responsabilité.

Les effets de l'initiative accordée ou refusée aux représentans du peuple.

L'admission des Ministres dans le nombre de ces représentans.

Les salaires qu'on a toujours alloués aux députés de la nation, dans les assemblées françaises.

L'organisation de la force armée.

L'exercice des droits politiques.

L'élection par le peuple.

La liberté de la presse.

Il y a des objets très-importans sur lesquels je n'ai dit que peu de mots, pour répondre à des objections de détail (1); c'est que le fonds me semblait suffisamment éclairci, et que les objections de détail m'avaient seules paru jeter encore de l'obscurité sur la question.

Il y a d'autres objets dont je n'ai traité que le principe, sans rien déterminer sur leur organisation particulière (2).

Je n'ai point cherché l'originalité : je ne me suis, sur beaucoup de points, écarté en rien de la Constitution anglaise; j'ai plutôt expliqué pourquoi ce qui existait en Angleterre était bon, que je n'ai proposé quelque chose de nouveau.

Je ne sais si mon désir d'être utile, ou, si l'on veut, mon amour-propre, me fait illusion; mais je crois que mon ouvrage a un avantage : il démontre que la liberté peut exister pleine et entière sous une monarchie constitutionnelle.

---

(1) Par exemple le jugement par jurés.

(2) Par exemple la responsabilité.

On verra que, dans une telle monarchie, les prérogatives royales ne doivent pas être trop restreintes.

Dans un état républicain, il faut donner au peuple toute la part au Gouvernement, qui est compatible avec l'ordre, et revêtir cet exercice des droits du peuple de formes populaires, fussent-elles orageuses; car, dans un Gouvernement républicain, la raison du peuple est la garantie de l'ordre, et la raison du peuple doit se former et se mûrir par l'action.

Sous une monarchie, le Roi doit posséder toute la puissance qui est compatible avec la liberté, et cette puissance doit être revêtue de formes imposantes et majestueuses; car, dans une monarchie, la sécurité du monarque est l'une des garanties de la liberté, et cette sécurité ne peut naître que de la conscience d'une force suffisante.

Les magistrats d'une république s'honorent en honorant dans le peuple la source de leur autorité; les citoyens d'une monarchie s'honorent en honorant dans le Roi le protecteur national.

On a suivi parmi nous la règle opposée. Dans notre premier essai de monarchie constitutionnelle, on avait eu peur du Roi; dans nos essais de république, on a eu peur du peuple : et notre monarchie constitutionnelle, et nos Constitutions républicaines se sont écroulées.

La faiblesse d'une partie quelconque du Gouvernement est toujours un mal. Cette faiblesse ne diminue en rien les inconvéniens que l'on craint, et détruit les avantages que l'on espère : elle ne met point d'obstacles à l'usurpation; mais elle ébranle la garantie, parce que l'usurpation est l'effet des moyens que le Gouvernement envahit, la garantie celui de ses moyens légitimes. Or, en rendant le Gouvernement trop faible, vous le réduisez à envahir; ne pouvant atteindre son but nécessaire, avec les forces qui lui appartiennent, il aura recours pour l'atteindre à des forces qu'il usurpera; et de cette usurpation, pour ainsi dire, obligée, à l'usurpation spontanée, à l'usurpation sans limite, il n'y a qu'un pas.

J'ai écarté ces discussions oiseuses sur l'origine de la souveraineté, discussions dangereuses quand elles sont inutiles, et que la force des événemens ramène toujours quand malheureusement elles ne le sont pas.

Une constitution n'est point un acte d'hostilité. C'est un acte d'union, qui fixe les relations réciproques du monarque et du peuple, et leur indique les moyens de se soutenir, de s'appuyer, de se seconder mutuellement.

Pour qu'ils se soutiennent et s'appuyent, il faut déterminer la sphère des divers pouvoirs, et en marquant leur place et leur action l'un sur l'autre, les préserver des chocs inattendus et des luttes involontaires. Plus l'attachement est sincère pour celui qui guide le char de l'État, plus nous devons aimer qu'on mette des barrières autour des précipices. La nuit peut venir, l'orage peut s'élever ; la route en sera plus sûre et mieux tracée.

Mais n'existait-il pas autrefois en France une constitution, maintenant oubliée, qui réunissait tous les avantages, et ne suffirait-il pas de la rétablir?

Ceux qui l'affirment tombent dans une singulière méprise. Ils partent d'un principe vrai, c'est que les souvenirs, les habitudes, les traditions des peuples, doivent servir de base à leurs institutions. Mais, de leur aveu, l'on a oublié l'ancienne constitution de la France, et non seulement ils en conviennent, mais ils en fournissent la preuve, car ils sont réduits à s'épuiser en raisonnemens pour démontrer qu'elle a existé. N'est-il pas manifeste qu'une constitution oubliée n'a pas laissé de souvenirs, et n'a pas fondé d'habitudes? Rien ne serait plus respectable, et plus nécessaire à ménager, qu'une vieille constitution dont on serait toujours souvenu, et que le temps aurait graduellement perfectionnée. Mais une constitution, oubliée tellement qu'il faut des recherches pour découvrir, et des argumens pour prouver son existence, une constitution qui est le sujet du dissentiment des publicistes, et des disputes des antiquaires, n'est qu'un objet d'érudition, qui aurait dans l'application pratique, tous les inconvéniens de la nouveauté.

Nous blâmons les novateurs, et dans un ouvrage récemment publié, je ne les ai pas blâmés moins sévèrement qu'un autre; nous les blâmons de faire des lois en sens inverse de l'opinion existante. Mais vouloir renouveller des institutions que l'on dit avoir disparu, et que l'on croit avoir découvertes, est un tort du même genre. Si ces institutions ont disparu, c'est qu'elles n'étaient plus conformes à l'esprit national. Si elles lui étaient restées conformes, elles seraient vivantes dans toutes les têtes et gravées dans toutes les mémoires. C'est donc vouloir faire plier le présent, non devant un passé avec lequel il s'est identifié, mais devant un passé qui n'existe plus pour lui, comme les novateurs veulent le faire plier devant un avenir qui n'existe pas ; or le temps n'y fait rien, le mal est le même.

Oui sans doute, il faut employer tous les élémens qui survivent à nos troubles; mais, de tous ces élémens, le plus réel aujourd'hui, après nos fautes et nos douleurs, c'est notre expérience. Cette expérience nous dit que l'anarchie est un mal, car nous avons connu l'anarchie; mais cette expérience ne nous dit pas moins que le despotisme est un mal, car nous avons éprouvé le despotisme.

J'annonçais il y a six mois, avec une conviction qui étonnait ceux qui ne voyaient que les apparences, j'annonçais que ce Buonaparte, qu'on flattait, qu'on défendait, pour qui l'on mourait, était l'objet de l'horreur universelle; et depuis que la France est libre, des imprécations unanimes ont prouvé que j'avais raison.

J'affirme maintenant, avec une conviction

non moins profonde, qu'une liberté sage est le vœu de la France; et les pamphlets qui repoussent toute idée de liberté, sont des apparences aussi trompeuses que les adresses du Moniteur il y a six mois.

La France sait que la liberté politique lui est aussi nécessaire que la liberté civile. Elle ne croit plus que pourvu, comme on le dit, qu'un peuple soit heureux, il est inutile qu'il soit libre politiquement. Elle sait que la liberté politique n'est autre chose que la faculté d'être heureux, sans qu'aucune puissance humaine trouble arbitrairement ce bonheur. Si la liberté politique ne fait pas partie de nos jouisances immédiates, c'est elle qui les garantit. La déclarer inutile, c'est déclarer superflus les fondemens de l'édifice qu'on veut habiter.

La providence a voulu nous rendre les témoins de deux gloires immenses. L'une était de briser les fers de l'Europe, l'autre sera de donner la liberté à la France. L'une est obtenue. L'Allemagne, l'Italie, la Hollande, l'Espagne, se débattaient en vain sous le joug. Le tyran du monde a attaqué la Russie, et en moins d'une année l'Espagne, l'Italie, la Hollande, l'Allemagne et la France même ont été délivrées.

Une gloire non moins belle reste à conquérir. Qu'elle soit le partage du monarque qui réunit aux yeux des Français tout ce qui peut fonder les espérances et parler aux émotions intimes de l'âme, je veux dire, de grands souvenirs, l'habitude des lumières, la bonté, la sainteté d'un long malheur: et cette légitimité, garantie la plus sûre d'une stabilité paisible, cette légitimité, dont les peuples sont contraints de se passer quelquefois, mais dont la privation leur fait éprouver une douleur qui ressemble au remords.

Combien l'Angleterre fière d'être libre sous Guillaume III, eut été plus heureuse encore, si la pensée d'un pacte rompu et d'une succession intervertie, n'eut troublé, dans beaucoup d'esprits, la jouissance de la liberté, si tous les vœux avaient pu se réunir, tous les scrupules être contens, toutes les délicatesses de la conscience calmées, la puissance des souvenirs satisfaite, puissance indestructible, qui, cinquante ans après, armait encore l'un contre l'autre des citoyens conduits par des devoirs opposés. Que la France jouisse de ce bonheur, qu'elle voie se combiner, par de nobles et inébranlables garanties, un pouvoir constitutionnel et une dynastie révérée, ce qui est antique et ce qui est juste, ce qui est imposant et ce qui est raisonnable, ce que le passé consacre, ce que le présent demande et qu'elle soit tout à-la-fois libre et loyale, énergique et fidèle.

Le despotisme a quelque chose de bas et de grossier, qui doit déplaire au maître, en rendant sa tâche ennuyeuse et méchanique. Ceux qui le recommandent, font aux princes le plus grand outrage. Ils les déclarent incapables de concilier, de persuader, de convaincre, de se servir, en un mot, des forces intellectuelles, ornemens distinctifs de l'espèce humaine. Il est flatteur pour le pouvoir d'être entouré d'hommes et non de machines. Il lui est doux d'avoir à exercer ses facultés sur des facultés dignes de lui. Un peuple libre, des magistrats indépendans, des représentans intègres, des ministres responsables, et par-là même reconnus pour irréprochables, puisqu'ils ne sont pas accusés, la soumission fondée sur le consentement et non sur la crainte, l'éloge reprenant son prix, parce que la censure n'est pas étouffée, sont les plus nobles des pompes royales. Les libertés des peuples sont les colonnes du trône, et quand ces libertés sont à terre, le trône aussi se trouve abaissé.

Paris, ce 24 Mai 1814.

ESQUISSE

DE

CONSTITUTION.

CHAPITRE PREMIER.

DES POUVOIRS CONSTITUTIONNELS.

I.

Les pouvoirs constitutionnels sont : le pouvoir royal, le pouvoir exécutif, le pouvoir représentatif, le pouvoir judiciaire.

Observations.

On s'étonnera de ce que je distingue le pouvoir royal du pouvoir exécutif. Cette distinction, toujours méconnue, est très-importante. Elle est, peut-être, la clef de toute organisation politique. Je n'en réclame pas l'honneur : on en trouve le germe dans les écrits d'un homme fort éclairé (1) qui a péri durant nos troubles, comme presque tous les hommes éclairés.

Il y a, dit-il, dans le pouvoir monarchique, deux pouvoirs distincts, le pouvoir exécutif, investi de prérogatives positives, et le pouvoir royal, qui est soutenu par des souvenirs et par des traditions religieuses.

En réfléchissant sur cette idée, je me suis convaincu de sa justesse. Cette matière est assez neuve pour mériter quelques développemens.

Les trois pouvoirs politiques, tels qu'on les a connus jusqu'ici, le pouvoir exécutif, législatif et judiciaire, sont trois ressorts qui doivent coopérer, chacun dans sa partie, au mouvement général; mais quand ces ressorts dérangés se croisent, s'entrechoquent et s'entravent, il faut une force qui les remette à leur place. Cette force ne peut pas être dans l'un de ces ressorts, car elle lui servirait à détruire les autres; il faut qu'elle soit en dehors, qu'elle soit neutre en quelque sorte, pour que son action s'applique, nécessaire-

(1) M. de Clermont-Tonnerre.

ment partout où il est nécessaire qu'elle soit appliquée, et pour qu'elle soit préservatrice et réparatrice sans être hostile.

La monarchie constitutionnelle a ce grand avantage, qu'elle crée ce pouvoir neutre dans la personne d'un Roi, déjà entouré de traditions et de souvenirs, et revêtu d'une puissance d'opinion qui sert de base à sa puissance politique. L'intérêt véritable de ce Roi n'est aucunement que l'un des pouvoirs renverse l'autre, mais que tous s'appuyent, s'entendent et agissent de concert.

Le pouvoir législatif réside dans les assemblées représentatives, avec la sanction du Roi, le pouvoir exécutif dans les ministres, le pouvoir judiciaire dans les tribunaux. Le premier fait les lois, le second pourvoit à leur exécution générale, le troisième les applique aux cas particuliers. Le Roi est au milieu de ces trois pouvoirs, autorité neutre et intermédiaire, sans intérêt bien entendu, nous le répétons, à déranger l'équilibre, et ayant, au contraire, tout intérêt à le maintenir.

Sans doute, comme les hommes n'obéissent pas toujours à leur intérêt bien entendu, il faut prendre cette précaution, que le pouvoir royal ne puisse pas agir à la place des autres pouvoirs; c'est en cela que consiste la différence de la monarchie absolue à la monarchie constitutionnelle. Comme il est toujours utile de sortir des abstractions par les faits, nous citerons la constitution anglaise. Aucune loi ne peut être faite sans le concours du Parlement; aucun acte ne peut être exécuté sans la signature d'un ministre; aucun jugement, prononcé que par des tribunaux indépendans. Mais quand cette précaution est prise, voyez comme la constitution anglaise emploie le pouvoir royal à mettre fin à toute lutte dangereuse et à rétablir l'harmonie entre les autres pouvoirs. L'action du pouvoir exécutif, c'est-à-dire des Ministres, est-elle irrégulière, le Roi destitue le pouvoir exécutif; l'action du pouvoir représentatif devient-elle funeste, le Roi fait usage de son veto, ou il dissout le corps représentatif. Enfin, l'action même du pouvoir judiciaire est-elle fâcheuse, en tant qu'elle applique à des actions individuelles des peines générales trop sévères (1), le Roi tempère cette action par son droit de faire grâce.

Le vice de presque toutes les constitutions

(1) Voyez les observations sur le droit de faire grâce.

a été de ne pas avoir créé un pouvoir neutre, mais d'avoir placé la somme d'autorité dont il doit être investi dans l'un des pouvoirs actifs. Quand cette somme d'autorité s'est trouvée réunie à la puissance législative, la loi qui ne devait s'étendre que sur des objets déterminés, s'est étendue à tout; il y a eu arbitraire et tyrannie sans bornes. De là les excès des assemblées du peuple dans les républiques d'Italie, ceux du long Parlement, ceux de la Convention, à quelques époques de son existence. Quand la même somme d'autorité s'est trouvée réunie au pouvoir exécutif, il y a eu despotisme. De là l'usurpation qui résulta de la dictature à Rome.

L'histoire romaine est, en général, un grand exemple de la nécessité d'un pouvoir neutre, intermédiaire entre les pouvoirs actifs. Nous voyons dans cette république, au milieu des froissemens qui avaient lieu entre le peuple et le sénat, chaque parti chercher des garanties; mais comme il les plaçait toujours en lui-même, chaque garantie devenait une arme contre le parti opposé. Les soulèvemens du peuple menaçant l'état de sa destruction, on créa les dictateurs, magistrats dévoués à la classe patricienne. L'oppression exercée par cette classe réduisant les Plébéïens au désespoir, on ne détruisit point la dictature, mais on eut recours, simultanément, à l'institution Tribunicienne, autorité toute populaire. Alors les ennemis se retrouvèrent en présence, seulement chacun d'eux s'était fortifié de son côté. Les Centuries étaient une aristocratie, les Tribus une démocratie. Les plébiscites, décrétés sans le concours du sénat, n'en étaient pas moins obligatoires pour les patriciens. Les sénatus consultes, émanant des patriciens seuls, n'en étaient pas moins obligatoires pour les Plébeïens. Ainsi, chaque parti saisissait tour à tour le pouvoir qui aurait dû être confié à des mains neutres, et en abusait, ce qui ne peut manquer d'arriver, aussi long-tems que les pouvoirs actifs ne l'abdiquent pas, pour en former un pouvoir à part.

La même observation se reproduit pour les Carthaginois : vous les voyez créer successivement les Suffètes pour mettre des bornes à l'aristocratie du sénat, le tribunal des cent pour réprimer les Suffètes, le tribunal des cinq pour contenir les cent. Ils voulaient, dit Condillac, imposer un frein à une autorité, et ils en établissaient une autre, qui avait également besoin d'être limitée, laissant ainsi subsister l'abus auquel ils croyaient porter remède.

La monarchie constitutionnelle nous offre, comme je l'ai dit, ce pouvoir neutre, si indispensable à toute liberté régulière. Mais on perd cet immense avantage, soit en rabaissant le pouvoir royal au niveau du pouvoir exécutif, soit en élevant le pouvoir exécutif au niveau du pouvoir royal. Alors mille questions deviennent insolubles: celle, par exemple, de la responsabilité. Quand on ne considère les Ministres que comme de simples agens du pouvoir exécutif, il paraît absurde de rendre l'instrument responsable, et de déclarer inviolable le bras qui s'en sert. Mais considérez le pouvoir exécutif, c'est-à-dire les Ministres, comme un pouvoir à part, que le pouvoir royal est destiné à réprimer, par la destitution, comme il réprime, par la dissolution, les assemblées représentatives, la responsabilité du pouvoir exécutif devient raisonnable, et l'inviolabilité du pouvoir royal est assurée.

Dira-t-on que le pouvoir exécutif émane du Roi? sans doute; mais bien qu'il émane du Roi, il n'est pas plus le Roi, que le pouvoir représentatif n'est le peuple, bien qu'il émane du peuple.

Lorsque les citoyens, divisés entre eux d'intérêt, se nuisent réciproquement, une autorité neutre les sépare, prononce sur leurs prétentions, et les préserve les uns des autres. Cette autorité, c'est le pouvoir judiciaire. De même, lorsque les pouvoirs publics se divisent et sont prêts à se nuire, il faut une autorité neutre, qui fasse à leur égard ce que le pouvoir judiciaire fait à l'égard des individus. Cette autorité, dans la monarchie constitutionnelle, c'est le pouvoir royal. Le pouvoir royal est, en quelque sorte, le pouvoir judiciaire des autres pouvoirs.

Nous reviendrons sur cette question, et nous l'éclaircirons encore davantage, en traitant de la destitution du pouvoir exécutif; chose dont nous montrerons que la possibilité est indispensable, et qui, néanmoins, quand le pouvoir exécutif n'est pas distingué du pouvoir royal, est une source de confusion dans la théorie, et de danger dans la pratique.

2.

Le pouvoir royal appartient au Roi.

3.

Le pouvoir exécutif est confié à des Ministres.

4.

Le pouvoir représentatif réside en deux Chambres.

5.

La première Chambre est héréditaire.

Observations.

J'ai vu quelques esprits éclairés avoir des scrupules sur l'établissement d'une Chambre représentative héréditaire.

Ces scrupules portent-ils sur le principe de l'hérédité ? Mais dans une monarchie héréditaire, l'hérédité d'une classe est indispensable. Il est impossible de concevoir comment, dans un pays où toute distinction de naissance serait rejetée, on consacrerait ce privilége pour la transmission la plus importante, pour celle de la fonction qui intéresse le plus essentiellement le repos et la vie des citoyens. Pour que le gouvernement d'un seul subsiste sans classe héréditaire, il faut que ce soit un pur despotisme. Tout peut aller plus ou moins long-tems sous le despotisme, qui n'est que la force ; mais tout ce qui se maintient par le despotisme court, ses chances, c'est-à-dire, est menacé d'un renversement. Les élémens du gouvernement d'un seul, sans classe héréditaire, sont : un homme qui commande, des soldats qui exécutent, un peuple qui obéit. Pour donner à une monarchie d'autres appuis que des soldats et des bourreaux, il faut un corps intermédiaire : Montesquieu l'exige, même dans la monarchie élective. Partout où vous placez un seul homme à un tel dégré d'élévation, il faut, si vous voulez le dispenser d'être toujours le glaive en main, l'environner d'autres hommes qui ayent un intérêt à le défendre. L'expérience concourt ici avec le raisonnement. Les publicistes de tous les partis avaient prévu, dès 1791, le résultat de l'abolition de la noblesse en France, bien que la noblesse ne fut revêtue d'aucune prérogative politique, et nul Anglais ne croirait un instant à la stabilité de la monarchie anglaise, si la Chambre des Pairs était supprimée.

Ceux qui disputent l'hérédité à la première Chambre, voudraient-ils laisser subsister la noblesse à côté et à part de cette première Chambre, et créer celle-ci seulement à vie? Mais que serait une noblesse héréditaire sans fonctions, à côté d'une magistrature à vie revêtue de fonctions importantes? ce qu'était la noblesse, en France, dans les dernières années qui ont précédé la révolution; et c'est précisément ce qui a préparé sa perte. On ne voyait en elle qu'une décoration brillante, mais sans but précis; agréable à ses possesseurs, légèrement humiliante pour ceux qui ne la possédaient pas, mais sans moyens réels et sans force. Sa prééminence était devenue presque négative, c'est-à-dire qu'elle se composait plutôt d'exclusions pour la classe roturière, que d'avantages positifs pour la classe préférée. Elle irritait sans contenir. Ce n'était point un corps intermédiaire qui maintînt le peuple dans l'ordre, et qui veillât sur la liberté; c'était une corporation sans base et sans place fixe dans le corps social. Tout concourait à l'affaiblir, jusqu'aux lumières et à la supériorité individuelle de ses propres membres. Séparée par le progrès des idées d'avec la féodalité, elle était le souvenir indéfinissable d'un système à demi détruit.

La noblesse a besoin, dans notre siècle, de se rattacher à des prérogatives constitutionnelles et déterminées. Ces prérogatives sont moins blessantes pour ceux qui ne les possèdent pas, et donnent en même tems plus de force à ceux qui les possèdent. La Pairie, si l'on fait choix de ce nom pour désigner la première Chambre, la Pairie sera une magistrature en même tems qu'une dignité ; elle sera moins exposée à être attaquée, et plus susceptible d'être défendue.

Remarquez de plus que si cette première Chambre n'est pas héréditaire, il faudra déterminer un mode d'en renouveller les élémens. Sera-ce la nomination du Roi ? une Chambre, nommée à vie par le Roi, sera-t-elle assez forte pour contre-balancer une autre assemblée, émanée de l'élection populaire ? Dans la Pairie héréditaire, les Pairs deviennent forts de l'indépendance qu'ils acquièrent immédiatement après leur nomination ; ils prennent aux yeux du peuple un autre caractère que celui de simples délégués de la Couronne. Vouloir deux chambres, l'une nommée par le Roi, l'autre par le peuple, sans une différence fondamentale (car des élections viagères ressemblent trop à toute autre espèce d'élection), c'est mettre en présence les deux pouvoirs entre lesquels précisément il faut un intermédiaire : je veux dire celui du Roi et celui du peuple.

Restons fidèles à l'expérience. Nous voyons la Pairie héréditaire dans la Grande Bretagne, compatible avec un haut dégré de liberté civile et politique; tous les citoyens qui se distinguent peuvent y parvenir. Elle n'a pas le seul caractère odieux de l'hérédité, le caractère exclusif. Le lendemain de la nomination d'un simple citoyen à la Pairie, il jouit des mêmes priviléges légaux que le plus ancien des Pairs. Un certain nombre d'écclésiastiques, dont presqu'aucun n'est fils de Pair, parvient à cette dignité par l'épiscopat. Les branches cadettes des premières maisons d'Angleterre rentrent dans la masse du peuple; elles forment un lien entre la Pairie et la nation, comme la Pairie elle-même forme un lien entre la nation et le trône.

6.

La seconde Chambre est nommée par le peuple.

7.

Le pouvoir judiciaire se compose de juges permanens et de jurés.

CHAPITRE II.

DES PRÉROGATIVES ROYALES.

I.

Le Roi nomme et il destitue le pouvoir exécutif.

Observations.

La destitution du pouvoir exécutif est la question la plus insoluble, soit dans les républiques, soit dans la monarchie absolue, parce que ces deux formes de gouvernemens n'établissent pas des différences assez positives entre le pouvoir exécutif et le pouvoir suprême; aussi voyons-nous que sous le despotime, il n'y a de moyen de destituer le pouvoir exécutif, qu'un bouleversement, remède souvent plus terrible que le mal; et bien que les républiques ayent cherché à organiser des moyens plus réguliers, ces moyens ont eu fréquemment le même résultat violent et désordonné.

Les Crétois avaient inventé une insurrection, en quelque sorte légale, par laquelle on déposait tous les magistrats, et plusieurs publicistes les en louent (1). Une loi d'Athènes permettait à chaque citoyen de tuer quiconque, dans l'exercice d'une magistrature, aurait attenté à la liberté de la république (2). La loi de Valérius Publicola avait à Rome le même but. Les Florentins ont eu leur ballia, ou conseil extraordinaire, créé sur l'heure, et qui, revêtu de tous les pouvoirs, avait une faculté de destitution universelle (3). Mais dans toutes ces constitutions, le droit de destituer le pouvoir exécutif flottait, pour ainsi dire, à la merci de quiconque s'en emparait; et celui qui s'en emparait le saisissait, non pour détruire, mais pour exercer la tyrannie.

L'autorité qui pourrait destituer le pouvoir exécutif a ce défaut, sous le despotisme, qu'elle est son alliée, et dans les républiques, qu'elle est son ennemie : elle n'est donc pas neutre ou intermédiaire; et dans les républiques, elle n'est pas non plus permanente, et ne saurait être calme; car, lorsqu'elle n'est pas permanente, et que la né-

(1) Filangiers 1. 10. Montesquieu. VIII. II.
(2) Petit de Leg. Att. III. 2.
(3) Machiavel. Passim.

cessité du moment la crée, le parti qui s'en prévaut ne s'arrête plus à ce qui est juste et indispensable ; il ne se contente plus de déposséder, il frappe, et comme il frappe sans jugement, il assassine.

La ballia de Florence, née de l'orage, se ressentait de son origine. Elle condamnait à mort, incarcérait, dépouillait, parce qu'elle n'avait pas d'autre moyen de priver de l'autorité les hommes qui en étaient dépositaires. Aussi, après avoir agité Florence par l'anarchie, fut-elle l'instrument principal de la puissance des Médicis.

Il faut un pouvoir constitutionnel qui ait toujours ce que la ballia avait d'utile, et qui n'ait jamais ce qu'elle avait de dangereux ; c'est-à-dire, qui ne puisse ni condamner, ni incarcérer, ni dépouiller, ni proscrire, mais qui se borne à ôter le pouvoir aux hommes ou aux assemblées qui ne sauraient plus longtems le posséder sans péril.

La monarchie constitutionnelle résout seule ce grand problême ; et pour mieux fixer les idées, je prie le lecteur de rapprocher mes assertions de la réalité. Cette réalité se trouve dans la monarchie anglaise. Elle crée ce pouvoir neutre et intermédiaire : c'est le pouvoir royal séparé du pouvoir exécutif. Le pouvoir exécutif est destitué sans être poursuivi. Le Roi n'a pas besoin de convaincre ses Ministres d'une faute, d'un crime ou d'un projet coupable pour les renvoyer; il les renvoye sans les punir : ainsi, tout ce qui est nécessaire a lieu, sans rien de ce qui est injuste; et, comme il arrive toujours, ce moyen, parce qu'il est juste, est encore utile sous un autre point de vue.

C'est un grand vice dans toute constitution, que de ne laisser d'alternative aux hommes puissans, qu'entre leur puissance et l'échafaud.

Il y a, entre la destitution du pouvoir exécutif et son châtiment, la même différence qu'entre la dissolution des assemblées représentatives et la mise en accusation de leurs membres. Si l'on remplaçait la première de ces mesures par la seconde, nul doute que les assemblées menacées, non-seulement dans leur existence politique, mais dans leur existence individuelle, ne devinssent furieuses par le sentiment du péril, et que l'état ne fût exposé aux plus grands maux. Il en est de même du pouvoir exécutif. Si vous substituez à la faculté de le destituer sans le punir, celle de le mettre en jugement, vous excitez sa crainte et sa colère; il défendra son pouvoir pour sa sûreté. La monarchie constitutionnelle prévient ce danger. Les représentans, après la dissolution de leur assemblée, les Ministres, après leur destitution, rentrent dans la classe des autres citoyens, et les résultats de ces deux grands préservatifs contre les factions et les abus, sont également efficaces et paisibles.

2.

Le Roi nomme les membres de la Chambre héréditaire, dont le nombre est illimité.

Observations.

Il a été proposé, dans le projet de Constitution du Sénat, de limiter le nombre des membres de la première Chambre. Personne n'a remarqué, que je sache, où cette limitation pouvait aboutir.

Cette première Chambre est un corps que le Peuple n'a pas le droit d'élire, et que le Gouvernement n'a pas le droit de dissoudre. Si le nombre des membres de ce corps est limité, un parti peut se former dans son sein, et ce parti, sans être appuyé de l'assentiment ni du Gouvernement, ni du peuple, ne peut néanmoins être renversé que par le renversement de la Constitution même.

Une époque remarquable dans les annales du parlement Britannique fera ressortir l'importance de cette considération. En 1783, le Roi d'Angleterre renvoya de ses conseils, la coalition de lord North et de M. Fox. Le Parlement presque tout entier était du parti de cette coalition; le peuple anglais était d'une opinion différente. Le Roi en ayant appelé au peuple, par la dissolution de la Chambre des Communes, une immense majorité vint appuyer le Ministre nouveau. Mais supposé que la coalition eut eu en sa faveur la Chambre des Pairs, que le Roi ne pouvait dissoudre, il est évident que, si la prérogative royale ne l'eut pas investi de la faculté de créer un nombre suffisant de nouveaux Pairs, la coalition repoussée, à-la-fois et par le Monarque et par la Nation, eut conservé, en dépit de l'un et de l'autre, la direction des affaires.

Limiter le nombre des Pairs ou des Sénateurs, ce serait créer une aristocratie formidable qui pourrait braver et le prince et les sujets. Toute constitution qui commettrait cette erreur, ne tarderait pas à être brisée; car il est nécessaire, assurément, que la volonté du Roi et le vœu du peuple, quand ils s'accordent, ne soient pas désobéis : et lorsqu'une chose nécessaire ne peut s'opérer par la constitution, elle s'opère malgré la constitution.

Le vice dont nous parlons se trouvait, avec bien d'autres, dans notre prétendue constitution consulaire, qui, grace au ciel, avait réuni les absurdités de presque toutes les constitutions existantes ou possibles. Le nombre des sénateurs était limité, et la dissolution du sénat n'était pas admise. Ce corps et le gouvernement restaient en présence, c'est-à-dire, il y avait d'une part une autorité qu'on ne pouvait déplacer, et de l'autre une assemblée qu'on ne pouvait ni augmenter, ni dissoudre, et qui, chargée de toutes les élections, pouvait communiquer son esprit hostile aux représentans qu'elle choisissait. Ces adversaires étaient condamnés à se combattre, sans qu'aucun des deux pût jamais désarmer son ennemi.

Il est vrai que la tyrannie sut y mettre ordre. La main de fer qui pesait sur la France ouvrit les portes du sénat; mais il faut être juste, dans ce cas, c'est la tyrannie qui avait raison. Sans cette réforme aucun gouvernement n'aurait eu deux jours d'existence assurée.

Que si l'on objecte l'avilissement de la Pairie par des créations de Pairs trop multipliés, je dirai que le seul remède est l'intérêt du Prince à ne pas rabaisser la dignité du corps qui l'entoure et le soutient. S'il s'écarte de cet intérêt, l'expérience l'y ramènera.

3.

Le Roi concourt à la confection des lois, soit par la proposition, qui lui appartient, ainsi qu'aux deux Chambres, soit par la sanction qui lui est réservée, et sans laquelle aucune loi ne peut avoir lieu.

Observations.

Quand l'autorité chargée de veiller à l'exécution des lois n'a pas le droit de s'opposer à celles qu'elle trouve dangereuses, la division des pouvoirs, qui est d'ordinaire la garantie de la liberté, devient un danger et un fléau. Cette division est excellente, en ce qu'elle rapproche, autant qu'il est possible, l'intérêt des gouvernans, de celui des gouvernés. Les hommes chargés de l'exécution des lois, ont par leur autorité même, mille moyens d'échapper à l'action de ces lois. Il est donc à redouter que s'ils les font, elles ne se ressentent d'être faites par des hommes qui ne craignent pas qu'elles retombent sur eux. En séparant la confection des lois de leur exécution, vous atteignez ce but, que ceux qui font les lois, s'ils sont gouvernans en principe, sont gouvernés en application, et que ceux qui les exécutent, s'ils sont gouvernans en application, sont gouvernés en principe. Mais, si, en divisant ainsi le pouvoir, vous ne mettez point de bornes à l'autorité législative, il arrive qu'une classe d'hommes fait les lois sans s'embarrasser des maux qu'elles occasionnent, et qu'une autre classe exécute ces lois, en se croyant innocente du mal qu'elle a fait, parce qu'elle n'a pas contribué aux lois mêmes. La justice et l'humanité se trouvent entre ces deux classes, sans pouvoir parler ni à l'une ni à l'autre. Mieux vaudrait alors mille fois que le pouvoir qui exécute les lois fût aussi chargé de les faire. Au moins, apprécierait-il les difficultés et les douleurs de l'exécution.

Lorsque le prince coucourt à la formation

des lois et que son consentement est nécessaire, leurs vices n'arrivent jamais au même degré que lorque les corps représentatifs décident sans appel. Le prince et les ministres s'éclairent par l'expérience. Quand ils ne seraient pas ramenés par le sentiment de ce qui se doit, ils le seraient par la connaissance de ce qui se peut. Le pouvoir représentatif, au contraire, ne rencontre jamais l'expérience. l'impossibilité n'existe jamais pour lui. Il ne lui faut que vouloir, une autre autorité exécute. Or vouloir est toujours possible : c'est exécuter qui ne l'est pas.

Un pouvoir obligé de prêter son appui à la loi qu'il désaprouve est bientôt sans force et sans considération. Il est sans force, parce que ses agens lui désobéissent, sûrs de ne pas lui déplaire, en contrariant des ordres qui ne sont pas sa volonté. Il se déconsidère, en employant son autorité pour des mesures condamnées par son jugement ou sa conscience.

Aucun pouvoir n'exécute d'ailleurs avec zèle une loi qu'il désaprouve. Chaque obstacle lui est naturellement un secret triomphe. Il n'est pas dans l'homme de faire des efforts pour vaincre une résistance qui est en faveur de son opinion. Empêcher les hommes d'agir est déjà très-difficile : les contraindre à l'action est impossible. Cette vérité s'applique aux individus mêmes qui ne sont revêtus d'aucune puissance. A plus forte raison s'applique-t-elle aux dépositaires d'une grande autorité.

D'autres motifs encore rendent la sanction royale ou le droit du veto indispensable.

Les gouvernemens qui admettent des assemblées représentatives sont menacés d'un danger dont savent se préserver les gouvernemens absolus, qui, à la vérité, en courent d'autres, en bien plus grand nombre. Ce danger, c'est la multiplicité des lois. On peut dire que la multiplicité des lois est la maladie des états représentatifs, parce que dans ces états tout se fait par les lois, tandis que l'absence des lois est la maladie des monarchies sans limites, parce que dans ces monarchies tout se fait par les hommes.

La multiplicité des lois flatte dans les législateurs, deux penchans naturels, le besoin d'agir et le plaisir de se croire nécessaire. Toutes les fois que vous donnez à un homme une vocation spéciale, il aime mieux faire plus que moins. Ceux qui sont chargés d'arrêter les vagabons sur les grandes routes, sont tentés de chercher querelle à tous les voyageurs. Quand les espions n'ont rien découvert, ils inventent. Il suffit de créer dans un pays un ministère qui surveille les conspirateurs, pour qu'on entende parler sans cesse de conspirations. Les législateurs se partagent l'existence humaine, par droit de conquête, comme les généraux d'Alexandre se partageaient le monde.

C'est l'imprudente multiplicité des lois, qui, à de certaines époques, a jeté de la défaveur sur ce qu'il y a de plus noble, sur la liberté, et fait chercher un asyle dans ce qu'il y a de plus misérable et de plus bas, dans la servitude.

Le veto est donc nécessaire, et il doit être absolu, tant pour la dignité du Monarque, que pour l'exécution des lois mêmes. Plusieurs lois sont importantes, surtout à l'époque où elles sont faites. C'est alors que l'on sent ou que l'on croit sentir leur nécessité. Le veto suspensif, qui ajourne à un têms éloigné une loi que ses auteurs disent urgente, parait une véritable dérision : la question se dénature, on ne discute plus la loi, on dispute sur les circonstances.

L'exercice du veto absolu repose sur une

assertion raisonnable : *la loi est mauvaise, je la repousse*. L'exercice du veto suspensif qui se borne à dire : *je n'adopte telle loi qu'à telle epoque éloignée*, prend souvent un caractère d'absurdité. Les auteurs de la loi fixent alors l'attention du peuple, non sur la loi sur laquelle ils auraient tort, mais sur l'époque qui semble leur donner raison. Prenons pour exemple un décret fameux et funeste, celui qui atteignit les prêtres en 1792. Si le Roi eût pu lui opposer un veto absolu, la seule question eût été la bonté intrinsèque de la loi; et certes, il n'eût pas été difficile d'en prouver l'injustice. Mais le Roi n'étant investi que du veto suspensif, on n'examinait plus la loi en elle-même; on disait : les prêtres agitent la France aujourd'hui, et le Roi refuse de les réprimer avant deux ans.

4.

Le Roi peut ajourner et dissoudre la seconde Chambre.

Observations.

Aucune liberté ne peut exister, dans un grand pays, sans assemblées représentatives, investies de prérogatives légales et fortes. Mais ces assemblées ne sont pas sans danger; et pour l'intérêt de la liberté même, il faut préparer des moyens infaillibles de prévenir leurs écarts.

Lorsqu'on n'impose point de bornes à l'autorité représentative, les représentans du peuple ne sont point des défenseurs de la liberté, mais des candidats de tyrannie; or, quand la tyrannie est constituée, elle est peut-être d'autant plus affreuse que les tyrans sont plus nombreux. Sous une constitution dont la représentation nationale fait partie, la nation n'est libre que lorsque ses députés ont un frein.

Une assemblée qui ne peut être réprimée ni contenue, est de toutes les puissances la plus aveugle dans ses mouvemens, la plus incalculable dans ses résultats, pour les membres mêmes qui la composent. Elle se précipite dans des excès qui, au premier coup-d'œil, sembleraient s'exclure. Une activité indiscrète sur tous les objets, une multiplicité de lois sans mesure, le désir de plaire à la partie passionnée du peuple, en s'abandonnant à son impulsion, ou même en la devançant; le dépit que lui inspire la résistance qu'elle rencontre, ou la censure qu'elle soupçonne; alors l'opposition au sens national, et l'obstination dans l'erreur; tantôt l'esprit de parti qui ne laisse de choix qu'entre les extrêmes, tantôt l'esprit de corps qui ne donne de forces que pour usurper; tour-à-tour la témérité ou l'indécision, la violence ou la fatigue, la complaisance pour un seul, ou la défiance contre tous, l'entraînement par des sensations purement physiques, comme l'enthousiasme ou la terreur; l'absence de toute responsabilité morale, la certitude d'échapper par le nombre à la honte de la lâcheté, ou au péril de l'audace; tels sont les vices des assemblées, lorsqu'elles ne sont pas renfermées dans des limites qu'elles ne puissent franchir.

Une assemblée dont la puissance est illimitée (et nous prouverons tout-à-l'heure qu'il n'y a de limite que dans la faculté de dissolution, attribuée à une autorité hors de l'assemblée), est plus dangereuse que le peuple. Les hommes réunis en grand nombre ont des mouvemens généreux. Ils sont presque toujours vaincus par la pitié ou ramenés par la justice; mais c'est qu'ils stipulent en leur propre nom. La foule peut sacrifier ses intérêts à ses émotions ; mais les représentans d'un peuple ne sont pas autorisés à lui imposer un tel sacrifice. La nature de leur mission les arrête. La violence d'un rassemblement populaire se combine en eux avec l'impassibilité d'un tribunal, et cette combinaison ne permet d'excès que celui de la rigueur. Ceux qu'on appelle traîtres dans une assemblée, sont d'ordinaire ceux qui réclament en faveur des mesures indulgentes. Les hommes implacables, si quelquefois ils sont blamés, ne sont jamais suspects.

Aristide disait aux Athéniens rassemblés sur la place publique, que leur salut même serait trop chèrement acheté par une résolution injuste ou perfide. En professant cette doctrine, une assemblée craindrait que ses commettans, qui n'auraient reçu ni du raisonnement l'explication nécessaire, ni de l'éloquence l'impulsion généreuse, ne l'accusassent d'immoler l'intérêt public à l'intérêt privé.

Vainement compterait-on sur la force d'une majorité raisonnable, si cette majorité n'avait pas de garantie dans un pouvoir constitutionnel hors de l'assemblée. Une minorité bien unie, qui a l'avantage de l'attaque, qui effraye ou séduit, argumente ou menace tour-à-tour, domine tôt ou tard la majorité. La violence réunit les hommes, parce qu'elle les aveugle sur tout ce qui n'est pas leur but général. La modération les divise, parce qu'elle laisse leur esprit ouvert à toutes les considérations partielles.

L'assemblée constituante était composée des hommes les plus estimés, les plus éclairés de France. Que de fois elle décréta des lois que sa propre raison réprouvait ! Il n'existait pas dans l'assemblée législative cent hommes qui voulussent renverser le trône. Elle fut néanmoins, d'un bout à l'autre de sa courte et triste carrière, entraînée dans une direction inverse de ses volontés ou de ses désirs. Les trois quarts de la convention avaient en horreur les crimes qui avaient souillé les premiers jours de la république; et les auteurs de ces crimes, bien qu'en petit nombre dans son sein, ne tardèrent pas à la subjuguer.

Quiconque a parcouru les actes authentiques du Parlement d'Angleterre, depuis 1640 jusqu'à sa dispersion par le Colonel Pride, avant la mort de Charles I, doit être convaincu que les deux tiers de ses membres desiraient ardemment la paix que leurs votes repoussaient sans cesse, et regardaient comme funeste une guerre dont ils proclamaient chaque jour unanimement la nécessité.

Conclura-t-on de ces exemples, qu'il ne faut pas d'assemblées représentatives ? Mais alors, le peuple n'aura plus d'organes, le gouvernement plus d'appui, le crédit public plus de garantie. La nation s'isolera de son chef; les individus s'isoleront de la nation, dont rien ne constatera l'existence. Ce sont les assemblées représentatives, qui seules introduisent la vie dans le corps politique. Cette vie a sans doute ses dangers, et nous n'en avons pas affaibli l'image. Mais lorsque, pour s'en affranchir, les gouvernemens veulent étouffer l'esprit national, et y suppléer par du méchanisme, ils apprennent à leurs dépens qu'il y a d'autres dangers, contre lesquels l'esprit national est seul une défense, et que le méchanisme le mieux combiné ne peut conjurer.

Il faut donc que les assemblées représentatives subsistent libres, imposantes, animées. Mais il faut que leurs écarts puissent être réprimés. Or la force répressive doit être placée au dehors. Les règles qu'une assemblée s'impose par sa volonté propre, sont illusoires et impuissantes. La même majorité qui consent à s'enchaîner par des formes, brise à son gré ces formes et reprend le pouvoir après l'avoir abdiqué.

Le veto royal, nécessaire pour les lois de détail, est insuffisant contre la tendance générale. Il irrite l'assemblée hostile sans la désarmer. La dissolution de cette assemblée est le remède unique.

Cette dissolution n'est point, comme on l'a dit, un outrage aux droits du peuple, c'est au contraire, quand les élections sont libres, un appel fait à ses droits en faveur de ses intérêts. Je dis, quand les élections sont libres; car quand elles ne sont pas libres, il n'y a point de système représentatif.

Entre une assemblée qui s'obstinerait à ne faire aucune loi, à ne pourvoir à aucun besoin, et un gouvernement qui n'aurait pas le droit de la dissoudre, quel moyen d'administration resterait-il? Or quand un tel moyen ne se trouve pas dans l'organisation politique, les événemens le placent dans la force. La force vient toujours à l'appui de la nécessité. Sans la faculé de dissoudre les assemblées représentatives, leur inviolabilité sera toujours une chimère. Elles seront frappées dans leur existence, faute d'une possibilité de renouveller leurs élémens.

5.

Le Roi nomme les juges qui sont inamovibles et à vie.

Observations.

Un peuple chez lequel le pouvoir judiciaire n'est pas indépendant, un peuple chez lequel une autorité quelconque peut influer sur les jugemens, diriger ou forcer l'opinion des juges, employer contre l'innocent qu'elle veut perdre les apparences de la justice, et se cacher derrière les lois, pour frapper ses victimes de leur glaive, un tel peuple est dans une situation plus malheureuse, plus contraire au but et aux principes de l'état social, que la horde sauvage des bords de l'Ohio ou que le Bédouin du désert.

Or l'élection périodique par le peuple, la nomination temporaire par le gouvernement, la possibilité de révocation à moins d'un jugement positif, portent d'égales atteintes à l'indépendance du pouvoir judiciaire. Cette indépendance n'est assurée que par l'inamovibilité des juges.

On s'est élevé fortement contre la vénalité des charges. C'était un abus, mais cet abus avait un avantage que l'ordre judiciaire qui l'a remplacé nous a fait regretter souvent.

Pendant vingt-cinq années, les tribunaux, les juges, les jugemens, rien n'a été libre. Les divers partis se sont emparés, tour à tour, des instrumens et des formes de la loi. Le courage des guerriers les plus intrépides eut à peine suffi à nos magistrats, pour prononcer leurs arrêts suivant leur conscience. Ce courage qui fait braver la mort dans une bataille, est plus facile que la profession publique d'une opinion indépendante au milieu des menaces des tyrans ou des factieux. Un juge amovible ou révocable est plus dangereux qu'un juge qui a acheté son emploi. Avoir acheté sa place est une chose moins corruptrice qu'avoir toujours à redouter de la perdre (1). Je suppose d'ailleurs établies et consacrées l'institution des jurés, la publicité

---

(1) Voyez plus loin l'examen des principales objections alléguées, en France, contre les jurés.

des procédures, et l'existence de lois sévères contre les juges prévaricateurs. Mais ces précautions prises, que le pouvoir judiciaire soit dans une indépendance parfaite, que toute autorité s'interdise jusqu'aux insinuations contre lui. Rien n'est plus propre à dépraver l'opinion et la morale publique, que ces déclamations perpétuelles, répétées parmi nous dans tous les sens, à toutes les époques, contre des hommes qui devaient être inviolables ou qui devaient être jugés.

Que surtout aucune autorité politique n'intervienne dans les sentences. Nous lisions dans un sénatus-consulte qui naguères était encore en vigueur : le sénat casse les jugemens des tribunaux civils et criminels, lorsqu'ils sont attentatoires à la sûreté de l'état : et rien ne disait ce que l'on entendait par la sûreté de l'état, et rien n'apprenait ce qui résultait de l'annullation des jugemens, ni si l'on pouvait traduire les accusés absous devant d'autres juges, et les traîner de ville en ville, et de tribunaux en tribunaux, pour en trouver enfin qui les condamnassent; et le sénat était un corps politique dont les membres pouvaient être comblés des faveurs de l'autorité, devenir généraux, ministres, et cependant rester sénateurs. Lorsqu'une corporation pareille peut annuller toutes les sentences, il n'existe, chez une nation, aucun pouvoir judiciaire. Les peuplades les moins civilisées de l'Europe avaient, sous ce rapport, l'avantage sur les Français.

Je n'ai pas hésité à penser que la nomination des juges devait appartenir au Roi. Dans une monarchie constitutionnelle, il faut donner au pouvoir royal toute l'influence et même toute la popularité que la liberté comporte. Le peuple peut se tromper fréquemment dans l'élection des juges. Les erreurs du pouvoir royal sont nécessairement plus rares, il n'a aucun intérêt à en commettre, il en a un pressant à s'en préserver, puisque les juges sont inamovibles, et qu'il ne s'agit pas de commissions temporaires.

J'ajoute, en finissant, que, pour achever de garantir l'indépendance des juges, il faut accroître leurs appointemens. Règle générale : attachez aux fonctions publiques des salaires qui entourent de considération ceux qui les occupent, ou rendez-les tout-à-fait gratuites. Nous examinerons plus loin cette question, relativement aux représentans du peuple, qui sont en évidence et qui peuvent espérer la gloire ; mais les fonctions de juges ne sont pas de nature à être exercées gratuitement, et toute fonction qui a besoin d'un salaire est méprisée, si ce salaire est très-modique. Diminuez le nombre des juges; assignez-leur des arrondissemens qu'ils parcourent, et donnez-leur des appointemens considérables.

6.

Le Roi tempère la rigueur des peines par le droit de faire grace.

Observations.

On a opposé au droit de faire grace un de ces dilemmes tranchans qui semblent simplifier les questions, parce qu'ils les faussent. Si la loi est juste, a-t-on dit, nul ne doit avoir le droit d'en empêcher l'exécution; si la loi est injuste, il faut la changer. Il ne manque à ce raisonnement qu'une condition, c'est qu'il y ait une loi pour chaque fait.

Plus une loi est générale, plus elle s'éloigne des actions particulières, sur lesquelles néanmoins elle est destinée à prononcer. Une loi ne peut être parfaitement juste, que pour une seule circonstance; dès qu'elle s'applique à deux circonstances, que distingue la différence la plus légère, elle est plus ou moins injuste dans l'un des deux cas. Les faits se nuancent à l'infini ; les lois ne peuvent suivre toutes ces nuances. Le dilemme que nous avons rapporté est donc erroné. La loi peut être juste, comme loi générale, c'est-à-dire, il peut être juste d'attribuer telle peine à telle action ; et cependant la loi peut n'être pas juste dans son application à tel fait particulier, c'est-à-dire, telle action matériellement la même que celle que la loi avait en vue, peut en différer d'une manière réelle, bien qu'indéfinissable légalement. Le droit de faire grâce n'est autre chose que la conciliation de la loi générale avec l'équité particulière.

La nécessité de cette conciliation est si impérieuse, que dans tous les pays où le droit de faire grace est rejeté, l'on y supplée par toutes sortes de ruses. Parmi nous, autrefois, le tribunal de cassation s'en était investi à quelques égards. Il cherchait, dans les jugemens qui semblaient infliger des peines trop rigoureuses, un vice de formes qui en autorisât l'annullation ; et pour y parvenir, il avait fréquemment recours à des informalités très-minutieuses : mais c'était un abus, bien que son motif le rendît excusable; il vaut mieux en revenir à une idée simple, et rendre au pouvoir royal une de ses prérogatives les plus touchantes et les plus naturelles.

7.

Le Roi décide de la paix et de la guerre.

Observations.

Tout le monde est d'accord sur cette disposition; il serait donc inutile d'en développer la nécessité. Observons seulement ici que, par une déviation bien inexplicable de ses propres principes, notre prétendue constitution consulaire, qui avait pris à tâche d'anéantir tout pouvoir représentatif, investissait néanmoins les assemblées, qu'elle appelait représentatives, du droit de prononcer sur la conclusion des traités. Cette prérogative ne sert qu'à jeter de la défaveur sur les représentans d'un peuple. Après la conclusion d'un traité, le rompre est toujours une résolution violente et odieuse; c'est en quelque sorte enfreindre le droit des nations, qui ne communiquent entre elles que par leurs Gouvernemens. La connaissance des faits manque toujours à une assemblée; elle ne peut, en conséquence, être juge de la nécessité d'un traité de paix. Quand la constitution l'en fait juge, les Ministres peuvent entourer la représentation nationale de la haine populaire. Un seul article jeté avec adresse au milieu des conditions de la paix, place une assemblée dans l'alternative, ou de perpétuer la guerre, ou de sanctionner des dispositions attentatoires à la liberté ou à l'honneur.

L'Angleterre mérite encore ici de nous servir de modèle. Les traités sont examinés par le Parlement, non pour les rejeter ou pour les admettre, mais pour déterminer si les ministres ont rempli leur devoir dans les négociations. La désapprobation du traité n'a de résultat que le renvoi ou l'accusation du ministre qui a mal servi son pays. Cette question n'arme point la masse du peuple, avide de repos, contre l'assemblée qui paraîtrait vouloir lui en disputer la jouissance, et cette faculté contient toutefois les ministres avant la conclusion des traités.

8.

La personne du Roi est inviolable et sacrée (1).

---

(1) Voyez plus bas les observations sur la responsabilité.

CHAPITRE III.

DU POUVOIR EXÉCUTIF OU DES MINISTRES.

1.

Les Ministres proposent les lois dans le sein des assemblées représentatives, et concurremment avec les autres membres de ces assemblées.

Observations.

On verra plus loin que les Ministres doivent être éligibles aux fonctions de représentans du peuple, et les Pairs ou Sénateurs susceptibles d'être nommés aux fonctions du ministère. Nous en exposerons les motifs.

2.

Les Ministres signent tous les actes du pouvoir royal.

Observations.

Sans cela, vous retomberiez dans la confusion du pouvoir royal et du pouvoir exécutif, et le problême de la responsabilité redeviendrait insoluble (1).

3.

Les Ministres veillent, chacun en sa partie, à l'exécution des lois.

4.

Les membres du pouvoir exécutif et leurs agens sont responsables.

Observations.

J'ai déjà précédemment observé que la responsabilité était de toutes les questions constitutionnelles la plus insoluble, si l'on ne distinguait pas soigneusement le pouvoir royal du pouvoir exécutif. C'est pour cette raison que les Gouvernemens républicains ont échoué dans toutes leurs tentatives pour organiser la responsabilité.

Un monarque héréditaire peut et doit être irresponsable : c'est un être à part au sommet de l'édifice; son attribution, qui lui est particulière, et qui est permanente, non-seule-

---

(1) Voyez ci-dessous les observations sur la responsabilité.

ment en lui, mais dans sa race entière, depuis ses ancêtres jusqu'à ses descendans, le sépare de tous les individus de son empire. Il n'est nullement extraordinaire de déclarer un homme inviolable, lorsqu'une famille est investie du droit de gouverner un grand peuple, à l'exclusion des autres familles, et au risque de toutes les chances de la succession.

Le monarque lui-même se prête sans répugnance à la responsabilité de ses ministres. Il a des biens plus précieux à défendre que tel ou tel détail de l'administration, tel ou tel exercice partiel de l'autorité. Sa dignité est un patrimoine de famille, qu'il retire de la lutte, en abandonnant son ministère. Mais ce n'est que lorsque la puissance est de la sorte sacrée, que vous pouvez séparer la responsabilité d'avec la puissance.

Un pouvoir républicain se renouvellant périodiquement, n'est point un être à part, ne frappe en rien l'imagination, n'a point droit à l'indulgence pour ses erreurs, puisqu'il a brigué le poste qu'il occupe, et n'a rien de plus précieux à défendre que son autorité, qui est compromise dès qu'on attaque son ministère, composé d'hommes comme lui, et avec lesquels il est toujours de fait solidaire.

Rendre le pouvoir suprême inviolable, c'est constituer ses ministres juges de l'obéissance qu'ils lui doivent. Ils ne peuvent, à la vérité, lui refuser cette obéissance qu'en donnant leur démission; mais alors l'opinion publique devient juge à son tour entre le pouvoir supérieur et les ministres, et la faveur est naturellement du côté des hommes qui paraissent avoir fait à leur conscience le sacrifice de leurs intérêts. Ceci n'a pas d'inconvéniens dans la monarchie héréditaire. Les élémens dont se compose la vénération qui entoure le monarque, empêchent qu'on ne le compare avec ses ministres, et la permanence de sa dignité fait que tous les efforts de leurs partisans se dirigent contre le ministère nouveau. Mais dans une république, la comparaison s'établirait entre le pouvoir suprême et les anciens ministres; elle mènerait à désirer que ceux-ci devinssent le pouvoir suprême, et rien, dans sa composition ni dans ses formes, ne semblerait s'y opposer.

Entre un pouvoir républicain non responsable, et un ministre responsable, le second serait tout, et le premier ne tarderait pas à être reconnu pour inutile. La non responsabilité force le gouvernement à ne rien faire que par ses ministres. Mais alors quelle est l'utilité du pouvoir supérieur au ministère? Dans une monarchie, c'est d'empêcher que d'autres ne s'en emparent, et d'établir un point fixe, inattaquable, dont les passions ne puissent approcher. Mais rien de pareil n'a lieu dans une république, où tous les citoyens peuvent arriver au pouvoir suprême.

Supposez dans la constitution de 1795, un Directoire inviolable, et un ministère actif et énergique. Aurait-on souffert long-tems cinq hommes qui ne faisaient rien, derrière six hommes qui auraient tout fait? Un gouvernement républicain a besoin d'exercer sur ses ministres une autorité plus absolue qu'un monarque héréditaire : car il est exposé à ce que ses instrumens deviennent ses rivaux. Mais, pour qu'il exerce une telle autorité, il faut qu'il appelle sur lui-même la responsabilité des actes qu'il commande ; car on ne peut se faire obéir des hommes, qu'en les garantissant du résultat de l'obéissance.

Les républiques sont donc forcées à rendre

responsable le pouvoir suprême. Mais alors la responsabilité devient illusoire.

Une responsabilité qui ne peut s'exercer que sur des hommes dont la chûte interromprait les relations extérieures et frapperait d'immobilité les rouages intérieurs de l'état ne s'exercera jamais. Voudra-t-on bouleverser la société, pour venger les droits d'un, de dix, de cent, de mille citoyens, disséminés sur une surface de trente mille lieues carrées? L'arbitraire sera sans remède, parce que le remède sera toujours plus fâcheux qu'un mal modéré. Les coupables échapperont, tantôt par l'usage qu'ils feront de leur pouvoir pour corrompre, tantôt parce que ceux mêmes qui seraient disposés à les accuser, frémiront de l'ébranlement qu'une accusation ferait éprouver à l'édifice constitutionnel. Car pour venger la violation d'une loi particulière, il faudra mettre en péril ce qui sert de garantie à toutes les lois. Ainsi les hommes faibles et les hommes raisonnables, les hommes vénaux et les hommes scrupuleux se trouveront engagés par des motifs différens à ménager les dépositaires infidèles de l'autorité exécutive. La responsabilité sera nulle, parce qu'elle aura été dirigée trop haut. Enfin, comme il est de l'essence du pouvoir, lorsqu'il peut abuser impunément, d'abuser toujours davantage, si les vexations se multiplient au point d'être intolérables, la responsabilité s'exercera, mais étant dirigée contre les chefs du gouvernement, elle sera probablement suivie de la destruction du gouvernement.

Je n'ai point ici à examiner s'il serait possible, par une organisation nouvelle, de remédier à l'inconvénient relatif à la responsabilité, dans une constitution républicaine. Ce que j'ai voulu prouver, c'est que la première condition qui est indispensable, pour que la responsabilité s'exerce, c'est de séparer le pouvoir exécutif du pouvoir suprême. La monarchie constitutionnelle atteint ce grand but; mais on reperdrait cet avantage, si l'on confondait ces deux pouvoirs.

5.

La responsabilité commence à l'auteur immédiat de l'acte qui en fait l'objet.

Observations.

Cette règle établie en Angleterre, est d'autant plus nécessaire à consacrer en France, que nous sommes accoutumés à la négliger.

Notre dernière constitution l'avait méconnue, en dirigeant exclusivement la responsabilité sur les ministres, et en déclarant inviolables tous les autres agens du pouvoir, nommément les Conseillers d'Etat, bien que plusieurs d'entre eux fussent chargés de fonctions, dont la responsabilité doit être une conséquence inséparable. Elle doit peser sur tous les degrés de la hiérarchie constitutionnelle. Lorsqu'une route légale n'est pas tracée pour soumettre tous les agens à l'accusation qu'ils peuvent tous mériter, la vaine apparence de la responsabilité n'est qu'un piège funeste à ceux qui seraient tentés d'y croire.

CHAPITRE IV.

DU POUVOIR REPRÉSENTATIF.

I.

La proposition des lois appartient au pouvoir représentatif, concuremment avec le pouvoir exécutif.

Observations.

Un des chefs-d'œuvres de ce qu'on nommait

la constitution de l'an 8, était de priver de l'initiative les représentans du peuple. J'ai entendu défendre cette bizarre disposition par l'exemple de quelques nations anciennes. Mais chez ces nations, le pouvoir législatif était exercé par le peuple entier, et l'initiative était confiée à un sénat. Il en était à peu près de même à Genève; les pouvoirs constitués rédigeaient les lois, et les portaient au conseil général, c'est-à-dire à l'assemblée de tous les citoyens, pour qu'ils décidassent par oui ou par non. Mais qui ne sent que cette institution appartient à la démocratie pure, où le nombre des citoyens les empêche de discuter? la démocratie est bien différente du gouvernement représentatif; dans ce dernier, quel que soit le nombre des représentans de la nation, il ne se rapprochera jamais de celui des citoyens.

Le but d'une assemblée représentative est d'exprimer les besoins du peuple. On l'investit de cette mission, parce que les membres de cette assemblée, pris dans le sein du peuple même, sont censés connaître tous ses besoins. Mais si l'initiative leur est refusée, à quoi leur sert cette connaissance? de quelle utilité sont des organes, s'ils ne peuvent que répondre, et sont condamnés au silence, dès qu'on ne les interroge pas?

Quand il s'agit de faire une loi, la réunion d'un grand nombre de législateurs est utile, parce que les lois doivent être le résultat d'une multitude d'idées; il faut que des hommes différens par leurs habitudes, leurs rapports et leurs positions sociales, mettent en commun le tribut de leurs réflexions et de leurs expériences. Il n'en est pas de même du droit de rejeter les lois proposées. La connaissance des vices d'une loi n'est qu'un acte de jugement. Le pouvoir exécutif sent mieux ce qui peut faire du mal; le pouvoir représentatif découvre mieux ce qui peut faire du bien; il appartient donc plus spécialement au premier d'empêcher; proposer appartient à l'autre.

Ce n'est pas que l'initiative doive être refusée au pouvoir exécutif. Il faut pourvoir aux besoins du Gouvernement, comme à ceux du peuple. Les ministres doivent avoir l'initiative comme les représentans. Loin que ce soit une cause de discorde, c'est un moyen d'accord. Il en est des pouvoirs comme des individus : des gênes inutiles en font des ennemis, une liberté suffisante en fait des alliés.

Sans l'initiative, les ministres seraient des esclaves. Les représentans du peuple pourraient les rendre odieux, en les forçant, par un seul article, à rejeter des lois d'ailleurs salutaires; mais, d'un autre côté, si le corps représentatif était privé de l'initiative, il courrait le même danger. Le pouvoir exécutif, ayant seul le droit de rédiger les lois, placerait les assemblées dans l'alternative de repousser le bien ou de consentir le mal; et on leur reprocherait plus sévèrement des lois qu'elles auraient consenties, qu'on ne reprocherait à des ministres des lois qu'ils n'auraient que proposées. On verrait dans le consentement l'action définitive; et, pour comble de maux, il serait interdit aux représentans du peuple de réparer leurs propres erreurs. L'expérience les éclairerait envain sur les vices des lois qu'ils auraient imprudemment adoptées; ces lois subsisteraient malgré les regrets, les remords de leurs auteurs.

Cette organisation ressemblerait à notre ancienne et détestable jurisprudence sur les prévenus d'émigration : l'autorité, revêtue de la faculté d'inscrire, n'avait plus celle de rayer. Admirable mode de rendre l'injustice irréparable !

Ajoutons que la France se trouve dans un état particulier, relativement à l'initiative. Toutes les lois révolutionnaires subsistent. Il n'y a pas une action simple et légitime, pas un sentiment naturel, qui n'ait été l'objet d'une loi pénale; il n'y a pas un devoir dont une loi n'ait prohibé l'accomplissement; il n'y a pas une vertu qu'une loi n'ait proscrite, pas une trahison qu'une loi n'ait salariée, pas un forfait qu'une loi n'ait ordonné. Il y a des lois qui prononcent la peine de mort contre quiconque répand une nouvelle hasardée, la peine de mort contre quiconque donne asyle à un inconnu, la peine de mort contre quiconque correspond avec son père, ou le nourrit dans l'étranger.

Certes, le Gouvernement actuel n'a pas l'intention de faire usage de ces lois; mais elles existent pourtant : est-il juste, est-il possible de refuser aux organes d'un peuple le droit de demander leur annullation ? Elles seraient encore un opprobre, quand elles ne seraient plus un fléau.

Craint-on la turbulence des assemblées, leurs propositions intempestives, l'ardeur de chacun de leurs membres à se distinguer? Mais les lois ont besoin d'être sanctionnées: les assemblées peuvent être dissoutes; on peut ajouter d'autres précautions; on peut accorder à l'assemblée même le droit de prononcer sur la convenance des propositions qu'on veut lui faire. C'est ainsi que le Parlement anglais écarte les discussions inutiles ou dangereuses; mais la privation de l'initiative ne modère pas les assemblées: elle détruit la base et la nature de la représentation (1).

(1) Je n'ai pas cru devoir distinguer le droit de consentir les impôts de celui de voter les autres lois. C'est à tort, ce me semble, qu'on envisage la faculté de refuser les impôts comme une garantie politique; ce n'est qu'un moyen d'améliorer la nature des impôts, ou d'en diminuer la masse; mais ce n'est point un préservatif contre d'autres abus ou d'autres excès. Un gouvernement, dit-on, ne peut faire la guerre, ou même exister dans l'intérieur, si l'on ne pourvoit à ses dépenses en refusant les impôts. Le corps législatif peut donc forcer son gouvernement non seulement à rester en paix avec ses voisins, mais à respecter la liberté des gouvernés. L'on oublie, en raisonnant ainsi, que ce qui parait le plus décisif dans la théorie, est souvent, dans la pratique, le plus impos-

2.

Les lois proposées dans le sein des assemblées représentatives y sont discutées librement.

---

sible. Lorsqu'un gouvernement a commencé une guerre, fut-elle injuste, lui disputer les moyens de la soutenir, ne serait pas le punir seul, mais punir la nation innocente de ces fautes. Il en est de même du refus des impôts pour malversations ou vexations intérieures. Un gouvernement commet des actes arbitraires, les représentans du peuple croyent le désarmer en ne votant aucune contribution; mais en supposant que dans cette crise violente tout se passe constitutionnellement, sur qui retombera cette lutte ? L'autorité trouvera des ressources momentanées dans son influence, dans les fonds mis antérieurement à sa disposition, dans les avances de ceux qui, jouissant de ses faveurs ou même de ses injustices, ne veulent pas qu'elle soit ébranlée, ou de ceux encore qui, croyant à son triomphe, spéculeront sur les besoins du moment. Les premières victimes seront les employés subalternes, les entrepreneurs de toutes dénominations, les créanciers de l'état, et par contrecoup les créanciers de tous les individus de ces différentes classes. Avant que le gouvernement cède, toutes les fortunes seront bouleversées. Ai-je besoin de faire observer qu'il en résultera contre la représentation nationale une haine universelle? le gouvernement l'accusera de toutes les privations que subiront les citoyens : ces derniers, sans se livrer à des questions de droit et de théorie, lui

Observations.

Jusqu'à nos jours, chez toutes les nations où il y avait des formes représentatives, quelqu'imparfaites que fussent ces formes, la discussion était inséparable de la proposition et de l'adoption des lois. La Constitution consulaire parut, et le peuple de Constantinople ne fut plus le seul peuple représenté par des muets.

Pour motiver cette disposition inouie, on avait comparé le Corps-législatif à un tribunal, et l'on avait dit que des juges ne devaient pas être des plaideurs. Merveilleuse chose que les comparaisons pour fausser les idées! Les juges, dans les tribunaux, ont la faculté d'interroger les parties; le Corps-législatif n'avait pas celle d'interroger les orateurs qui discutaient devant lui : un mot pouvait être nécessaire pour éclaircir une question, personne n'avait droit de le provoquer : on condamnait

---

reprocheront leurs besoins et leurs malheurs. Ces considérations sont importantes, parce que, lorsqu'on organise une monarchie constitutionnelle, il ne faut pas se tromper sur l'efficacité des garanties qu'on met en réserve pour la liberté.)

le Corps-législatif à écouter, peut-être sans comprendre, et on lui ordonnait de prononcer.

Il est vrai qu'on avait accordé la discussion à une autre assemblée, mais ses suffrages n'avaient point d'autorité; l'on avait confondu la considération individuelle dont les écrivains peuvent jouir, avec la considération légale qui doit entourer un corps. Les écrivains n'ont besoin, pour être estimés, que de vues sages et utiles; un corps a besoin de pouvoir : son impuissance le rend ridicule; si les écrivains ne le sont pas, c'est qu'ils ne forment point un corps. Chaque citoyen sent que la mission qu'ils exercent peut être la sienne; que l'influence à laquelle ils aspirent est la seule arme de la faiblesse contre la force; qu'elle ne repose que sur l'opinion, et l'opinion répugne à renverser son propre empire; mais une corporation, privilégiée seulement pour parler, et sous la condition expresse qu'on ne l'écoutera pas; une corporation, babillarde de droit et nulle de fait, ne pouvait avoir de considération; son zèle même aurait tourné contre elle, par l'inutilité de ses efforts. Nous oserons cependant le dire. Placés, par la constitution même, dans une position si défavorable, et pliant sous le poids de circonstances plus fâcheuses encore, des membres de cette assemblée, qui avaient accepté la mission de transmettre à la France quelque tradition de représentation nationale, restèrent fidéles à ce devoir, et luttèrent quelque tems contre la tyrannie. Ils étaient menacés par la force, condamnés par la faiblesse, désavoués par le découragement. Ils suivirent une route uniforme, sans se livrer à l'impatience, sans pâlir devant les fureurs; ils annoncèrent à leur patrie, qui refusait de les écouter, les maux qu'elle se préparait: ils méritèrent l'honneur d'une expulsion illégale, heureux, mais étonnés, que le despotisme ne fit pas ses victimes de ceux dont il n'avait pu faire ses complices.

3.

Les ministres peuvent être membres des assemblées représentatives, et les membres de ces assemblées, peuvent devenir ministres.

Observations.

Il est facile de déclamer contre la dépendance où l'espoir d'arriver à des places éminentes jette les représentans du peuple : et ces déclamations sont toujours applaudies par ceux qui n'ont pas l'espoir d'arriver à ces places éminentes. Mais l'indépendance de la représentation nationale doit reposer sur des bases plus larges. Si vous la supposez corruptible par des places, les moyens de la corruption sont si variés que toute précaution de détail sera inutile.

De grands avantages résultent de l'admission des représentants du peuple aux emplois du ministère. Cette admission est peut-être ce qui a conservé la constitution anglaise.

Bien que les fonctions représentatives soient les premières en dignité réelle, et les plus convenables aux caractères élevés, les places du ministère, étant dans un grand empire une route plus sûre au pouvoir et aux richesses, seront toujours plus desirées par les ambitions vulgaires. Si les membres des assemblées ne peuvent jamais participer au gouvernement, comme ministres, il est à craindre qu'ils ne regardent le gouvernement comme leur ennemi naturel. Si au contraire les ministres peuvent être pris parmi les législateurs, les ambitieux ne dirigeront leurs efforts que contre les hommes et respecteront l'institution. Les attaques, ne portant que sur les individus, seront moins dangereuses pour l'ensemble. Nul ne voudra briser un instrument dont il pourra conquérir l'usage; et tel qui chercherait à diminuer la force du pouvoir exécutif, si cette force devait toujours lui rester étrangère, la ménagera, si elle peut devenir un jour sa propriété.

Nous en voyons l'exemple en Angleterre. Les ennemis du ministère contemplent dans son pouvoir leur force et leur autorité future; l'opposition épargne les prérogatives du gouvernement comme son héritage, et respecte ses moyens à venir dans ses adversaires présens. C'est un grand vice, dans une constitution, que d'être placés entre les partis, de manière que l'un ne puisse arriver à l'autre qu'à travers la constitution. C'est cependant ce qui a lieu, lorsque le pouvoir exécutif, mis hors la portée des législateurs, est pour eux toujours un obstacle et jamais une espérance.

On ne peut se flatter d'exclure les factions d'une organisation politique, où l'on veut conserver les avantages de la liberté. Il faut donc travailler à rendre ces factions le plus innocentes qu'il est possible, et comme elles doivent quelquefois être victorieuses, il faut d'avance, prévenir ou adoucir les inconvéniens de leur victoire.

La présence des Ministres dans les assemblées, est encore avantageuse, à d'autres égards. Ils y discutent eux-mêmes les décrets nécessaires à l'administration, ils y portent des connaissances de fait que l'exercice seul du gouvernement peut donner. L'opposition ne paraît pas une hostilité, la persistance ne dégénère pas en obstination. Le gouvernement cède aux objections raisonnables, il amende les propositions fautives, il explique les rédactions obscures. L'autorité rend ainsi, sans être compromise, un juste hommage à la raison, et se défend elle-même par les armes du raisonnement.

Quand les ministres sont membres des assemblées, ils sont plus facilement attaqués, s'ils sont coupables; car, sans qu'il soit besoin de les dénoncer, il suffit de leur répondre. Ils se disculpent aussi plus facilement, s'ils sont innocens, puisqu'à chaque instant ils peuvent expliquer et motiver leur conduite.

En réunissant les individus, sans cesser de distinguer les pouvoirs, on constitue un gouvernement en harmonie, au lieu de créer deux camps sous les armes. Il en résulte encore qu'un ministre inepte ou suspect ne peut garder la puissance. En Angleterre le ministre perd de fait sa place, s'il se trouve en minorité (1).

4.

L'objet de la discussion étant d'éclaircir les questions agitées, et de répondre aux objections, aucun discours écrit ne peut être lu dans l'une ni dans l'autre chambre.

Observations.

Quand les orateurs, dans une assemblée, sont obligés de parler d'abondance, celui qui prend la parole est naturellement conduit à répondre à celui qui l'a précédé. Les raisonnemens qu'il vient d'entendre ont fait impression sur son esprit, il ne peut les bannir de sa mémoire, et lors même qu'il s'est préparé à suivre une autre série d'idées, il en a rencontré de nouvelles qu'il est forcé d'amalgamer aux siennes, pour les appuyer ou les combattre. De la sorte, une véritable discussion s'engage, et les questions sont présentées sous leurs divers points de vue.

---

(1) M. Pitt a fait exception à cette règle pendant deux mois en 1784. Mais c'est que la nation entière était pour son ministère contre la chambre des communes.

Quand les orateurs se bornent à lire ce qu'ils ont écrit dans le silence de leur cabinet, ils ne discutent plus, ils amplifient : ils n'écoutent point, car ce qu'ils entendraient ne doit rien changer à ce qu'ils vont dire : ils attendent que celui qu'ils doivent remplacer, ait fini : ils n'examinent pas l'opinion qu'il défend, ils comptent le tems qu'il emploie, et qui leur parait un retard. Alors il n'y a plus de discussion, chacun reproduit des objections déjà réfutées; chacun laisse de côté tout ce qu'il n'a pas prévu, tout ce qui dérangerait son plaidoyer terminé d'avance. Les orateurs se succèdent sans se rencontrer ; s'ils se réfutent, c'est par hasard : ils ressemblent à deux armées qui défileraient en sens opposé, l'une à côté de l'autre, s'apercevant à peine, évitant même de se regarder, de peur de sortir de la route irrévocablement tracée.

Cet inconvénient d'une discussion qui se compose de discours écrits, n'est ni le seul, ni le plus à craindre ; il en est un plus grave, et qui m'a détermiué à placer parmi les articles constitutionnels une disposition qui peut sembler minutieuse.

Ce qui, parmi nous, menace le plus et

le bon ordre et la liberté, ce n'est pas l'exagération, ce n'est pas l'erreur, ce n'est pas l'ignorance, bien que toutes ces choses ne manquent pas : c'est le besoin de faire effet. Ce besoin qui dégénère en une sorte de fureur, est d'autant plus dangéreux, qu'il n'a pas sa source dans la nature de l'homme, mais est une création sociale, fruit tardif et factice d'une vieille civilisation et d'une capitale immense. En conséquence, il ne se modère pas lui-même, comme toutes les passions naturelles qu'use leur propre durée. Le sentiment ne l'arrête point, car il n'a rien de commun avec le sentiment : la raison ne peut rien contre lui, car il ne s'agit pas d'être convaincu, mais de convaincre. La fatigue même ne le calme pas; car celui qui l'éprouve ne consulte pas ses propres sensations, mais observe celles qu'il produit sur d'autres. Opinions, éloquence, émotions, tout est moyen, et l'homme lui-même se métamorphose en un instrument de sa propre vanité.

Dans une nation tellement disposée, il faut, le plus qu'il est possible, enlever à la médiocrité l'espoir de produire un effet quelconque, par des moyens à sa portée : je dis un effet quelconque; car notre vanité est humble, en même tems qu'elle est effrénée : elle aspire à tout, et se contente de peu. A la voir exposer ses prétentions, on la dirait insatiable : à la voir se repaître des plus petits succès, on admire sa frugalité.

Appliquons ces vérités à notre sujet. Voulez-vous que nos assemblées représentatives soient raisonnables ? Imposez aux hommes qui veulent y briller, la nécessité d'avoir du talent. Le grand nombre se réfugiera dans la raison, comme pis aller ; mais si vous ouvrez à ce grand nombre une carrière où chacun puisse faire quelque pas, personne ne voudra se refuser cet avantage. Chacun se donnera son jour d'éloquence, et son heure de célébrité. Chacun, pouvant faire un discours écrit ou le commander, prétendra marquer son existence législative, et les assemblées deviendront des académies, avec cette différence, que les harangues académiques y décideront et du sort, et des propriétés, et même de la vie des citoyens.

Je me refuse à citer d'incroyables preuves de ce désir de faire effet, aux époques les plus déplorables de notre révolution. J'ai vu des représentans chercher des sujets de discours, pour que leur nom ne fût pas étranger aux grands mouvemens qui avaient eu lieu; le sujet trouvé, le discours écrit, le résultat leur était indifférent. En bannissant les discours écrits, nous créerons dans nos assemblées ce qui leur a toujours manqué, cette majorité silentieuse qui, disciplinée, pour ainsi dire, par la supériorité des hommes de talent, est réduite à les écouter, faute de pouvoir parler à leur place; qui s'éclaire, parce qu'elle est condamnée à être modeste, et qui devient raisonnable en se taisant. Une majorité de ce genre fait en Angleterre la force et la dignité de la Chambre des communes, tandis que l'éloquence de quelques orateurs en fait l'ornement et l'éclat.

6.

Les membres du pouvoir représentatif ne sont point payés.

Observations.

Lorsqu'un salaire est attaché aux fonctions représentatives, ce salaire devient bientôt l'objet principal. Les candidats n'aperçoivent dans ces fonctions augustes que des occasions d'augmenter ou d'arranger leur fortune, des facilités de déplacement, des avantages d'économie. Les électeurs eux-mêmes se laissent entraîner à une sorte de pitié de cotterie, qui les engage à favoriser l'époux qui veut se mettre en ménage, le père mal aisé qui veut élever ses fils ou marier ses filles dans la capitale. Les créanciers nomment leurs débiteurs, les riches ceux de leurs parens qu'ils aiment mieux secourir aux dépens de l'état qu'à leurs propres frais. La nomination faite, il faut conserver ce qu'on a obtenu : et les moyens ressemblent au but. La spéculation s'achève par la flexibilité ou par le silence.

Payer les représentans du peuple, ce n'est pas leur donner un intérêt à exercer leurs fonctions avec scrupule, c'est seulement les intéresser à se conserver dans l'exercice de ces fonctions.

D'autres considérations me frappent.

Je n'aime pas les fortes conditions de propriété pour l'exercice des fonctions politiques. L'indépendance est toute relative : aussitôt qu'un homme a le nécessaire, il ne lui faut que de l'élévation dans l'ame pour se passer du superflu. Cependant il est désirable que les fonctions représentatives soient occupées, en général, par des hommes, sinon de la classe opulente, du moins dans l'aisance. Leur point de départ est plus avantageux, leur éducation plus soignée, leur esprit plus libre, leur intelligence mieux préparée aux lumièaes. La pauvreté a ses préjugés comme l'ignorance. Or, si vos représentans ne reçoivent aucun salaire, vous placez la puissance dans la propriété, et vous laissez une chance équitable aux exceptions légitimes.

Combinez tellement vos institutions et vos lois, dit Aristote, que les emplois ne puissent être l'objet d'un calcul intéressé; sans cela, la multitude, qui, d'ailleurs, est peu affectée de l'exclusion des places éminentes, parce qu'elle aime à vaquer à ses affaires, enviera les honneurs et le profit. Toutes les précantions sont d'accord, si les magistratures ne tentent pas l'avidité. Les pauvres préféreront des occupations lucratives à des fonotions difficiles et gratuites. Les riches occuperont les magistratures, parce qu'ils n'auront pas besoin d'indemnités (1).

Ces principes ne sont pas applicables à tous les emplois dans lcs états modernes; il en est qui exigent une fortune au-dessus de toute fortune particulière : mais rien n'empèche

(1) Aristote Politique.

*

qu'on ne les applique aux fonctions représentatives (1).

Dans une constitution où les non-propriétaires ne posséderaient pas les droits politiques, l'absence de tout salaire pour les representans de la nation, me semble naturelle. N'est ce pas une contradiction outrageante et ridicule, que de repousser le pauvre de la représentation nationale, comme si le riche seul devait le représenter, et de lui faire payer ses représentans, comme si ses représentans étaient pauvres ?

Enfin l'Angleterre a adopté ce système, et je me crois fort, quand je tire mes preuves de cette demeure de la liberte. Je sais qu'on a beaucoup déclamé contre la corruption de la chambre des communes. Comparez les effets de cette corruption prétendue, avec la conduite de nos assemblées; le Parlement anglais a bien plus souvent résisté à la couronne, que nos assemblées à leurs tyrans.

---

(1) Les Carthaginois avaient déjà fait cette distinction. Toutes les magistratures nommées par le peuple étaient exercées sans indemnité; les autres étaient salariées.

La corruption qui naît de vues ambitieuses est bien moins funeste que celle qui résulte de calculs ignobles. L'ambition est compatible avec mille qualités généreuses, la probité, le courage, le désintéressement, l'indépendance ; l'avarice ne saurait exister avec aucune de ces qualités. L'on ne peut écarter des emplois les hommes ambitieux ; écartons-en du moins les hommes avides : par-là, nous diminuerons considérablement le nombre des concurrens, et ceux que nous éloignerons, seront précisément les moins estimables.

Mais une condition est nécessaire pour que les fonctions représentatives puissent être gratuites ; c'est qu'elles soient importantes. Personne ne voudrait exercer gratuitement des fonctions puériles par leur insignifiance, ou qui seraient honteuses, si elles cessaient d'être puériles ; mais aussi, dans une pareille constitution, mieux vaudrait qu'il n'y eût point de fonctions représentatives.

7.

Les membres de la seconde Chambre sont indéfiniment rééligibles.

Observations.

L'impossibilité de la réélection est, sous tous les rapports, une grande erreur. La chance d'une réélection non-interrompue offre seule au mérite une récompense digne de lui, et forme chez un peuple une masse de noms imposans et respectés. L'influence des individus ne se détruit point par des institutions jalouses; ce qui, à chaque époque, subsiste de cette influence, est nécessaire à cette époque. Ne dépossédons pas le talent par des lois envieuses. L'on ne gagne rien à éloigner ainsi les hommes distingués : la nature a voulu qu'ils prissent place à la tête des associations humaines; l'art des constitutions est de leur assigner cette place, sans que, pour y arriver, ils aient besoin de troubler la paix publique.

Rien n'est plus contraire à la liberté, et plus favorable en même tems au désordre, que l'exclusion forcée des représentans du peuple, après le terme de leurs fonctions. Autant il y a, dans les assemblées, d'hommes qui ne peuvent pas être réélus, autant il y aura d'hommes faibles qui voudront se faire le moins d'ennemis qu'il leur sera possible, afin d'obtenir des dédommagemens, ou de vivre en paix dans leur retraite. Si vous mettez obstacle à la réélection indéfinie, vous frustrez le génie et le courage du prix qui leur est dû; vous préparez des consolations et un triomphe à la lâcheté et à l'ineptie; vous placez sur la même ligne l'homme qui a parlé suivant sa conscience, et celui qui a servi les factions par son audace, ou l'arbitraire par sa complaisance. Les fonctions à vie, observe Montesquieu (1), ont cet avantage, qu'elles épargnent à ceux qui les remplissent ces intervalles de pusillanimité et de faiblesse qui précèdent, chez les hommes destinés à rentrer dans la classe des simples citoyens, l'expiration de leur pouvoir. La réélection indéfinie a le même avantage; elle favorise les calculs de la morale. Ces calculs seuls ont un succès durable; mais pour l'obtenir, ils ont besoin du tems.

Les hommes intègres, intrépides, expérimentés dans les affaires, sont-ils d'ailleurs assez nombreux pour qu'on doive repousser volontairement ceux qui ont mérité l'estime

---

(1) Esp. des Lois. liv. V. ch. 7.

générale ? Les talens nouveaux parviendront aussi : la tendance du peuple est à les accueillir. Ne lui imposez à cet égard aucune contrainte ; ne l'obligez pas, à chaque élection, à choisir de nouveaux venus, qui auront leur fortune d'amour-propre à faire et à conquérir la célébrité. Rien n'est plus cher, pour une nation, que les réputations à créer. Suivez de grands exemples. Voyez l'Amérique. Les suffrages du peuple n'ont cessé d'y entourer les fondateurs de son indépendance. Voyez l'Angleterre. Des noms illustrés par des réélections non-interrompues, y sont devenus en quelque sorte une propriété populaire. Heureuses les nations fidèles, et qui savent estimer longtems !

8.

L'élection faite, les électeurs ne peuvent révoquer leurs représentans.

9.

L'assemblée ne peut expulser aucun de ses membres, que pour des actions punissables par les lois.

10.

L'assemblée n'est pas juge de la moralité de ses successeurs.

Observations.

Quelques publicistes ont imaginé d'investir chaque fraction du peuple du droit de révoquer à volonté les mandataires qu'elle aurait nommés. C'est une idée assez naturelle ; mais c'est détruire le principe de la représentation, qui veut que chacun des représentans stipule pour les intérêts nationaux, en général, et puisse en conséquence leur sacrifier les intérêts partiels et momentanés de ses commettans. Restreindre cette liberté, ou exposer les élus du peuple à en être victimes, ce serait tomber dans un fédéralisme de l'espèce la plus dangereuse. Qui ne prévoit d'ailleurs l'inquiétude, les haînes, les ambitions, les calomnies auxquelles la faculté de révocation donnerait un encouragement perpétuel !

D'autres ont voulu attribuer aux assemblées mêmes le droit d'expulser ceux de leurs membres qui leur sembleraient dangereux ; c'est encore sapper par sa base le système représentatif : une assemblée n'est pas juge de ses membres. Si vous la constituez telle, vous ouvrez un champ libre à toutes les passions ; vous mettez sous le joug, tantôt une minorité courageuse, qui, par des réclamations fondées et persévérantes, aurait pu devenir majorité; tantôt une majorité vacillante, qui, se laissant dominer par une minorité tumultueuse, consentira, comme nous en avons eu plusieurs exemples, à ce qu'on la décime périodiquement.

L'envie se glisse presque toujours dans les partis modérés, parce qu'une passion violente est nécessaire pour imposer silence à la vanité. Les hommes médiocres de la Convention se prêtaient à l'expulsion des hommes supérieurs, autant par la haîne de la supériorité que par la crainte du péril; et l'on voyait tour-à-tour la jalousie, parlant comme la peur du danger des circonstances, et la peur parodiant la jalousie, et se plaignant, comme elle, de la domination du talent.

Le droit d'expulsion, loin de modérer les écarts des assemblées, les rendrait un théâtre habituel de luttes violentes; tous les efforts des partis auraient pour but l'expulsion de leurs adversaires : leur répondre paraîtrait moins sûr et moins facile que les chasser (1).

---

(1) Quelques hommes, lorsqu'on discutait en France la constitution, nommée de l'an 8, voulaient donner au

D'autres enfin ont constitué les assemblées juges de la moralité de leurs successeurs. Cette doctrine détruit les effets de l'élection, dont le but est d'établir l'empire de l'opinion, par le renouvellement périodique et libre de ses interprètes. Une assemblée, revêtue de cette prérogati[illegible]ourrait forcer le peuple à ne nommer [illegible] des hommes assermentés aux principes qu'elle-même aurait professés; elle pourrait indirectement limiter les choix à ses propres membres. Que si son refus n'était que suspensif, et qu'une nomination réitérée dût l'emporter sur sa résistance, l'on n'aurait fait

---

sénat une sorte d'ostracisme, et l'investir du droit de déclarer inéligibles certains citoyens à certaines fonctions. Mais chez les anciens mêmes, l'ostracisme était un acte d'oppression et d'injustice. Toute exclusion participe de la nature d'une peine; or, aucune peine, dans un pays libre, ne doit être prononcée sans jugement. Un individu ne saurait être dangereux, dans une assemblée représentative, s'il ne domine la majorité: dans ce cas, c'est le corps entier qu'il faut dissoudre. Si cet individu est dans la minorité, nul danger n'existe, et il est de l'essence d'une constitution représentative, que la minorité et chacun de ses membres, puisse exprimer son opposition de toutes les manières et avec la plus entière indépendance.

que provoquer un combat fâcheux entre l'assemblée et la nation. L'on a vu les électeurs de Middlesex réélire jusqu'à trois fois M. Wilkes, expulsé de la Chambre des communes. Nous avons, il est vrai, dans des occasions pareilles, montré beaucoup moins de persistance; mais c'était une preuve de l'absence d'esprit public parmi nous. Il n'existe aucun objet sur lequel un peuple, lorsqu'il est libre, soit plus obstiné que sur ses choix. Le jour (1) où le Corps-législatif de France s'est permis de rejeter les élus de la nation, a été l'époque de l'avilissement complet de toute autorité représentative, avilissement qui n'a pas tardé à retomber sur ses auteurs.

11.

La durée de la seconde Chambre ne saurait être de moins de trois ans, sauf le cas de dissolution, ni de plus de sept.

12.

Cette durée, une fois déterminée, ne peut être changée que par une loi adoptée par les deux Chambres, et sanctionnée par le Roi.

---

(1) En avril 1798, ou le 22 floréal an 6.

13.

A l'expiration du terme prescrit, ou dans le cas de dissolution par la prérogative royale, le renouvellement de la seconde Chambre s'opère en entier.

Observations.

On a considéré, parmi nous, comme un trait de génie, les modes de renouvellement, à l'aide desquels les nouveaux venus dans les assemblées représentatives se trouvaient toujours en minorité. Cependant les renouvellemens des assemblées ont pour but, non-seulement d'empêcher les représentans de la nation de former une classe à part et séparée du reste du peuple, mais aussi de donner aux améliorations qui ont pu s'opérer dans l'opinion, d'une élection à l'autre, des interprètes fidèles. Si l'on suppose les élections bien organisées, les élus d'une époque représenteront l'opinion plus fidèlement que ceux des époques précédentes. N'est-il pas absurde de placer les organes de l'opinion existante en minorité, devant l'opinion qui n'existe plus? La stabilité sans doute est desirable : aussi ne faut-il pas rapprocher à l'excès les époques de renouvellement; car il est encore absurde de rendre les élections tellement fréquentes, que l'opinion n'ait pu s'éclairer durant l'intervalle qui les sépare. Nous avons d'ailleurs une assemblée héréditaire qui représente la durée. Ne mettons pas des élémens de discorde dans l'assemblée élective qui représente l'amélioration : la lutte de l'esprit conservateur et de l'esprit progressif est plus utile entre deux assemblées que dans le sein d'une seule; il n'y a pas alors de minorité qui se constitue conquérante; ses violences dans l'assemblée dont elle fait partie, échouent devant le calme de celle qui sanctionne ou rejette ses résolutions; l'irrégularité, la menace, ne sont plus des moyens d'empire sur une majorité qu'on effraye, mais des causes de déconsidération et de discrédit aux yeux des juges qui doivent prononcer.

Les renouvellemens par tiers ou par cinquième ont des inconvéniens graves, et pour la nation entière, et pour l'assemblée elle-même.

Bien qu'un tiers ou seulement un cinquième puisse être nommé, toutes les espérances n'en sont pas moins mises en mouvement. Ce n'est pas la multiplicité des chances mais l'existence d'une seule, qui éveille toutes les ambitions; et la difficulté même rend ces ambitions plus jalouses et plus hostiles. Le peuple est agité par l'élection d'un tiers ou d'un cinquième, comme par un renouvellement total. Dans les assemblées, les nouveaux venus sont opprimés la première année, et bientôt après ils deviennent oppresseurs. Cette vérité a été démontrée par quatre expériences successives (1).

Le souvenir de nos assemblées sans contre-poids nous inquiète et nous égare sans cesse. Nous croyons apercevoir dans toute assemblée une cause de désordre, et cette cause nous paraît plus puissante dans une assemblée renouvellée en entier. Mais plus le danger peut être réel, plus nous devons être scrupuleux sur la nature des précautions. Nous ne devons adopter que celles dont l'utilité est constatée, et dont le succès est assuré.

---

(1) Le tiers de l'an 4, (1796) fut opprimé.

Le tiers de l'an 5, (1797) fut chassé.

Le tiers de l'an 6 (1798) fut repoussé.

Le tiers de l'an 7 (1799), fut victorieux et destructeur.

CHAPITRE V.

DU POUVOIR JUDICIAIRE.

I.

Les jurés prononcent sur le fait : les juges permanens appliquent la loi.

Observations.

Les principaux argumens par lesquels on attaque en France l'institution du juré, reposent sur le défaut de zèle, l'ignorance, l'insouciance, la frivolité françaises. Ce n'est pas l'institution, c'est la nation qu'on accuse. Or, qui ne voit qu'une institution peut, dans ses premiers temps, paraître peu convenable à une nation, en raison du peu d'habitude, et devenir convenable et bienfaisante, si elle est bonne intrinsèquement, parce que la nation acquiert, par l'institution même, la capacité qu'elle n'avait pas (1). Je répugnerai

(1) Je ne dis ici que des institutions fixes et légales, et non des mœurs et des usages que les lois ne peuvent changer.

toujours à croire une nation insouciante sur le premier de ses intérêts, sur l'administration de la justice et sur la garantie à donner à l'innocence accusée.

Les Français, dit un adversaire du juré, celui de tous peut-être dont l'ouvrage a produit, contre cette institution, l'impression la plus profonde (1), *les Français n'auront jamais l'instruction ni la fermeté nécessaire pour que le juré remplisse son but. Telle est notre indifférence pour tout ce qui a rapport à l'administration publique, tel est l'empire de l'égoïsme et de l'intérêt particulier, la tiédeur, la nullité de l'esprit public, que la loi qui établit ce mode de procédure ne peut être exécutée.* Mais ce qu'il faut, c'est avoir un esprit public qui surmonte cette tiédeur et cet égoïsme. Croit-on qu'un esprit semblable existerait chez les Anglais, sans l'ensemble de leurs institutions politiques? Dans un pays où l'institution des jurés a sans cesse été suspendue, la liberté des tribunaux violée, les accusés traduits devant des commissions, cet esprit ne peut naître : on s'en prend à l'ins-

(1) M. Gach, président d'un tribunal de première instance dans le département du Lot.

titution des jurés; c'est aux atteintes qu'on lui a portées qu'il faudrait s'en prendre.

Le juré, dit-on, *ne pourra pas*, *comme l'esprit de l'institution l'exige*, *séparer sa conviction intime d'avec les pièces*, *les témoignages*, *les indices*; *choses qui ne sont pas nécessaires*, *quand la conviction existe*, *et qui sont insuffisantes*, *quand la conviction n'existe pas*. Mais il n'y a aucun motif de séparer ces choses; au contraire, elles sont les élémens de la conviction. L'esprit de l'institution veut seulement que le juré ne soit pas astreint à prononcer d'après un calcul numérique, mais d'après l'impression que l'ensemble des pièces, témoignages ou indices aura produite sur lui. Or, les lumières du simple bon sens suffisent pour qu'un juré sache et puisse déclarer, si, après avoir entendu les témoins, pris lecture des pièces, comparé les indices, il est convaincu ou non.

Si les jurés, continue l'auteur que je cite, *trouvent une loi trop sévère*, *ils absoudront l'accusé*, *et déclareront le fait non constant contre leur conscience*; et il suppose le cas où un homme serait accusé d'avoir donné asile à son frère, et aurait par cette action encouru la peine de mort. Cet exemple, selon moi, loin de militer contre l'institution du juré, en fait le plus grand éloge; il prouve que cette institution met obstacle à l'exécution des lois contraires à l'humanité, à la justice et à la morale. On est homme avant d'être juré; par conséquent, loin de blâmer le juré qui, dans ce cas, manquerait à son devoir de juré, je le louerais de remplir son devoir d'homme, et de courir, par tous les moyens qui seraient en son pouvoir, au secours d'un accusé, prêt à être puni d'une action qui, loin d'être un crime, est une vertu. Cet exemple ne prouve point qu'il ne faille pas de jurés; il prouve qu'il ne faut pas de lois qui prononcent peine de mort, contre celui qui donne asile à son frère.

Mais alors, poursuit-on, *quand les peines seront excessives ou paraîtront telles au juré, il prononcera contre sa conviction.* Je réponds que le juré, comme citoyen et comme propriétaire, a intérêt à ne pas laisser impunis les attentats qui menacent la sûreté, la propriété ou la vie de tous les membres du corps social; cet intérêt l'emportera sur une pitié passagère: l'Angleterre nous en offre une démonstration peut-être affligeante. Des peines rigoureuses sont appliquées à des délits qui certainement ne les méritent pas; et les jurés ne s'écartent point de leur conviction, même en plaignant ceux que leur déclaration livre au supplice (1). Il y a dans l'homme un certain respect pour la loi écrite; il lui faut des motifs très-puissans pour la surmonter. Quand ces motifs existent, c'est la faute des lois. Si les peines paraissent excessives au juré, c'est qu'elles le seront; car, encore une fois, ils n'ont aucun intérêt à les trouver telles. Dans les cas extrêmes, c'est-à-dire, quand les jurés seront placés entre un sentiment irrésistible de justice et d'humanité, et la lettre de la loi, j'oserai le dire, ce n'est pas un mal qu'ils s'en écartent; il ne faut pas qu'il existe une loi qui révolte l'humanité du commun des hommes, tellement que des jurés, pris dans le sein d'une nation, ne puissent se déterminer à concourir à l'application de cette loi, et l'institution de juges permanens, que l'ha-

(1) J'ai vu des jurés, en Angleterre, déclarer coupable une jeune fille, pour avoir volé de la mousseline de la valeur de treize schelings. Ils savaient que leur déclaration emportait contre elle la peine de mort.

bitude réconcilierait avec cette loi barbare, loin d'être un avantage, serait un fléau.

Les jurés, dit-on, *manqueront à leur devoir, tantôt par peur, tantôt par pitié* : si c'est par peur, ce sera la faute de la police trop négligente, qui ne les mettra pas à l'abri des vengeances individuelles; si c'est par pitié, ce sera la faute de la loi trop rigoureuse.

L'insouciance, l'indifférence et la frivolité des Français sont le résultat d'institutions défectueuses, et l'on allègue l'effet, pour perpétuer la cause. Aucun peuple ne reste indifférent à ses intérêts, quand on lui permet de s'en occuper; lorsqu'il leur est indifférent, c'est qu'on l'en a repoussé. L'institution du juré est, sous ce rapport, d'autant plus nécessaire au peuple français, qu'il en paraît momentanément plus incapable; il y trouverait non-seulement les avantages particuliers de l'institution, mais l'avantage général et plus important de refaire son éducation morale.

2.

Toutes créations de tribunaux extraordinaires, toute suspension ou abréviation des formes, sont des actes inconstitutionnels et punissables.

Observations (1).

Il est bien essentiel que l'on insère un pareil article dans la Constitution qu'on prépare, et que l'on reconnaisse enfin l'étrange pétition de principes, par laquelle on a sans cesse déclaré convaincus d'avance les hommes qu'on allait juger. Les formes sont une sauve-garde : l'abréviation des formes est la diminution ou la perte de cette sauve-garde; l'abréviation des formes est donc une peine; que si vous infligez cette peine à un accusé, c'est donc que son crime est démontré d'avance : mais si son crime est démontré, à quoi bon un tribunal, quel qu'il soit? si son crime n'est pas démontré, de quel droit le placez-vous dans une classe particulière et proscrite, et le privez-vous, sur un simple soupçon, du bénéfice commun à tous les membres de l'état social?

Cette absurdité n'est pas la seule. Les formes sont nécessaires, ou sont inutiles à la

---

(1) J'ai cru pouvoir me permettre de reproduire ici quelques raisonnemens que j'avais présenté au Tribunat, contre l'établissement des tribunaux extraordinaires.

conviction : si elles sont inutiles, pourquoi les conservez-vous dans les procès ordinaires? si elles sont nécessaires, pourquoi les retranchez-vous dans les procès les plus importans? Lorsqu'il s'agit d'une faute légère, et que l'accusé n'est menacé ni dans sa vie, ni dans son honneur, l'on instruit sa cause de la manière la plus solennelle; mais lorsqu'il est question de quelque forfait épouvantable, et par conséquent de l'infamie et de la mort, l'on supprime d'un mot toutes les précautions tutélaires, l'on ferme le Code des lois, l'on abrège les formalités, comme si l'on pensait que, plus une accusation est grave, plus il est superflu de l'examiner!

Ce sont des brigands, dites-vous, des assassins, des conspirateurs, auxquels seuls nous enlevons le bénéfice des formes; mais avant de les reconnaître pour tels, ne faut-il pas constater les faits? or, que sont les formes, sinon les meilleurs moyens de constater les faits? S'il en existe de meilleurs ou de plus courts, qu'on les prenne; mais qu'on les prenne alors pour toutes les causes. Pourquoi y aurait-il une classe de faits, sur laquelle on observerait des lenteurs superflues, ou bien une autre classe, sur laquelle on déciderait avec une précipitation dangereuse ? Le dilemme est clair. Si la précipitation n'est pas dangereuse, les lenteurs sont superflues; si les lenteurs ne sont pas superflues, la précipitation est dangereuse. Ne dirait-on pas qu'on peut distinguer à des signes extérieurs et infaillibles, avant le jugement, les hommes innocens et les hommes coupables; ceux qui doivent jouir de la prérogative des formes, et ceux qui doivent en être privés? C'est parce que ces signes n'existent pas, que les formes sont indispensables; c'est parce que les formes ont paru l'unique moyen pour discerner l'innocent du coupable, que tous les peuples libres et humains en ont réclamé l'institution. Quelqu'imparfaites que soient les formes, elles ont une faculté protectrice qu'on ne leur ravit qu'en les détruisant; elles sont les ennemies nées, les adversaires inflexibles de la tyrannie, populaire ou autre. Aussi long-tems que les formes subsistent, les tribunaux opposent à l'arbitraire une résistance plus ou moins généreuse, mais qui sert à le contenir. Sous Charles I, les tribunaux anglais acquittèrent, malgré les menaces de la Cour, plusieurs amis de la liberté; sous Cromwell, bien que dominés par le protecteur, ils renvoyèrent souvent absous des citoyens accusés d'attachement à la monarchie ; sous Jacques II, Jefferies fut obligé de fouler aux pieds les formes, et de violer l'indépendance des juges mêmes de sa création, pour assurer les nombreux supplices des victimes de sa fureur. Il y a dans les formes quelque chose d'imposant et de précis, qui force les juges à se respecter eux-mêmes, et à suivre une marche équitable et régulière. L'affreuse loi, qui, sous Robespierre, déclara les preuves superflues, et supprima les défenseurs, est un hommage rendu aux formes. Cette loi démontre que les formes, modifiées, mutilées, torturées en tout sens, par le génie des factions, gênaient encore des hommes choisis soigneusement entre tout le peuple français, comme les plus affranchis de tout scrupule de conscience et de tout respect pour l'opinion.

Ces observations s'appliquent avec une double force à ces juridictions, dont les noms seuls sont devenus odieux et terribles, à ces conseils ou commissions militaires, qui, chose étrange ! pendant toute la durée d'une révolution entreprise pour la liberté, ont fait trembler tous les citoyens. Le prétexte de cette subversion de la justice, c'est que la nature du tribunal est déterminée par la nature du crime. Ainsi l'embauchage, l'espionage, la provocation à l'indiscipline, l'asîle ou l'assistance donnés à la désertion, et par une extension naturelle, les conspirations que l'on présume avoir ou préparer quelqu'intelligence ou quelqu'appui dans l'armée, sont regardées, souvent, comme ressortant de la juridiction militaire. Mais c'est encore travestir en crime l'accusation, traiter le prévenu comme un condamné, supposer la conviction avant l'examen, et faire précéder la sentence par un châtiment. Car, je le répète, c'est infliger une peine à un citoyen, que de le priver du bénéfice de ses juges naturels.

3.

Tout raffinement dans les supplices est interdit.

4.

La constitution n'admet, contre les coupables, que la peine de mort, la détention, la déportation dans des colonies destinées à cet objet.

Observations.

L'établissement de colonies où l'on transporte les criminels, est peut-être de toutes les mesures de rigueur la plus conforme à la justice, aux intérêts de la société, et à ceux des individus qu'elle se voit forcée d'éloigner.

La plupart de nos fautes sont occasionnées par une sorte de désaccord entre nous et les institutions sociales. Nous arrivons à la jeunesse, souvent avant de connaître et presque toujours avant de concevoir ces institutions compliquées. Elles nous entourent de barrières que nous franchissons quelquefois sans nous en apercevoir. Alors s'établit, entre nous et nos alentours, une opposition qui s'accroit par l'impression même qu'elle produit. Cette opposition varie dans ses formes; mais on peut la reconnaître dans toutes les classes de la société : dans les classes supérieures, depuis le misantrope qui s'isole, jusqu'à l'ambitieux et au conquérant; dans les classes inférieures, depuis le malheureux qui s'étourdit par l'ivresse, jusqu'à celui qui commet des attentats: tous sont des hommes en opposition avec les institutions sociales. Cette opposition se développe avec plus de violence, là, où se trouve le moins de lumières. Elle s'affaiblit, à mesure que nous avançons en âge, que l'énergie des passions s'affaisse, que nous n'évaluons la vie que ce qu'elle vaut, et que le besoin de l'indépendance devient moins impérieux que le besoin du repos. Mais, lorsqu'avant d'arriver à cette période de résignation, un homme a commis quelque faute irréparable, le souvenir de cette faute, le regret, le remords, le sentiment qu'il est jugé trop sévèrement, et que ce jugement est néanmoins sans appel, toutes ces impressions entretiennent celui qu'elles poursuivent dans une irritation, source de fautes nouvelles et plus irréparables encore.

Si maintenant l'on arrachait, tout-à-coup, les hommes qui se trouvent dans cette situation funeste, à la pression d'institutions désobéies et au froissement de relations à jamais viciées, s'il ne leur restait de leur vie antérieure que le souvenir de ce qu'ils ont souffert et l'expérience qu'ils ont acquise, combien d'entr'eux suivraient une route opposée! avec quel empressement, rendus tout-à-coup, comme par miracle, à la sécurité, à l'harmonie, à la possession de l'ordre et de la morale, ils préféreraient ces jouissances aux plaisirs momentanés qui les avaient séduits! comme ils repousseraient les tentations qui les avaient égarés! L'expérience a prouvé ce que nous affirmons. Des hommes déportés à Botany-Bay pour des actions criminelles, ont recommencé la vie sociale, et ne se croyant plus en guerre avec la société, en sont devenus des membres paisibles et même recommandables.

Au contraire, la condamnation aux travaux publics, si vantée par plusieurs de nos politiques modernes, m'a toujours paru entraîner des inconvéniens de tous les genres.

Il ne m'est, en premier lieu, nullement prouvé que la société ait sur les individus qui troublent l'ordre qu'elle a établi, d'autre droit que celui de leur enlever toute possibilité de nuire. La mort est comprise dans ce droit, mais nullement le travail. Un homme peut mériter de perdre l'usage et la possession de ses facultés, mais il ne peut les aliéner que volontairement. Ceci n'est pas une simple théorie, sans application réelle; car si vous admettez qu'un homme puisse être contraint d'aliéner ses facultés, vous retombez inévitablement dans le système de l'esclavage.

Imposer le travail comme une peine, est de plus un exemple dangereux. La grande majorité de l'espèce humaine, dans nos associations actuelles, est condamnée à un travail souvent excessif. Quoi de plus imprudent, de plus impolitique, de plus insultant, que de lui présenter le travail comme le châtiment du crime!

Si le travail des condamnés est véritablement une peine, s'il est différent de celui auquel sont soumises les classes innocentes et laborieuses de la société, s'il est, en un mot, au-dessus des forces humaines, il devient un supplice de mort plus lent et plus douloureux que tout autre. Entre le captif demi-nu, qui, le corps à moitié dans l'eau, traîne des vaisseaux sur le Danube, et le malheureux qui périt sur l'échafaud, je vois, en faveur du dernier, une souffrance moins prolongée.

Si la condamnation aux travaux publics n'est pas une mort rafinée, c'est une cause de dépravation. Dans quelques pays de l'Allemagne, les condamnés, traités avec douceur, soignés dans leurs maladies, s'accoutument à leur destinée, se complaisent dans leur opprobre, et ne travaillant pas dans leur servitude plus qu'ils ne feraient en liberté; ils offrent aux spectateurs l'image de la gaîté dans la dégradation, du bonheur dans l'avilissement, de la sécurité dans la honte : quel effet doit produire ce spectacle sur l'ame du pauvre, dont l'innocence ne sert qu'à lui imposer une existence non moins laborieuse et plus précaire?

Enfin, ce bruit des chaînes, ces habits de forçats, tous ces signes de crime et de châtiment, exposés partout et publiquement à nos regards, sont, pour les hommes qui portent en eux quelque sentiment de la dignité humaine, une peine plus habituelle et plus poignante que pour les coupables. La société n'a pas le droit de nous entourer d'une éternelle commémoration de perversité et d'ignominie.

CHAPITRE VI.

DE LA FORCE ARMÉE.

1.

La force armée est sous les ordres du Roi.

2.

La loi en détermine annuellement le nombre ; elle détermine aussi le mode de recrutement.

3.

La force armée est divisée en trois classes : l'armée de ligne, la garde nationale, la gendarmerie.

4.

L'armée de ligne est destinée à garantir la sûreté extérieure de l'état : elle est placée là où cette sûreté peut être menacée, c'est-à-dire, dans les villes et places frontières.

5.

La garde nationale est destinée à garantir la sûreté publique, dans l'intérieur de chaque département. C'est dans l'intérieur de chaque département qu'elle est répartie, sans en pouvoir franchir les limites.

6.

La gendarmerie est destinée à garantir la sûreté privée : elle poursuit et arrête les criminels.

7.

Ces trois classes de force armée ne peuvent être confondues, ni employées aux mêmes usages, sauf le cas existant d'une invasion ennemie.

Observations.

La division que je viens d'indiquer pour la force armée, parait d'abord la même que celle qui existe dans plusieurs pays, et surtout en France. Il y a une armée de ligne, une garde nationale, une gendarmerie. Mais les fonctions de ces trois classes de force armée se confondent souvent. Tantôt l'armée de ligne est employée dans l'intérieur, et prend ainsi la place de la garde nationale. Tantôt la garde nationale et l'armée de ligne veillent au maintien de la police, et se chargent ainsi des attributions de la gendarmerie. Cependant, le seul moyen de prévenir les dangers politiques d'un grand établissement militaire, c'est de tracer, pour chacune de ces trois classes, une ligne fixe qu'elle ne puisse franchir.

La révolution française avait présenté à tous les esprits une idée séduisante, celle d'armées composées de citoyens, et certes il n'est pas dans mon intention de disputer ce titre à ceux qui ont défendu si long-tems, si glorieusement, par de si nobles efforts, l'indépendance nationale, et dont les exploits immortels ont élevé à la gloire Française un inébranlable monument, le seul qui soit debout au milieu des ruines. Lorsque des ennemis attaquent un peuple sur son territoire, les citoyens deviennent soldats pour les repousser. Ils sont citoyens, ils sont les premiers des citoyens, ceux qui protègent la cité, quand elle est menacée. Mais en traitant une question générale, il faut écarter les souvenirs de gloire qui nous entourent et nous éblouissent, les sentimens de reconnaissance qui nous entraînent et nous subjuguent.

Une armée de citoyens n'est possible, que lorsqu'une nation est renfermée dans d'étroites limites. Alors les soldats de cette nation peuvent être obéissans, et cependant raisonner l'obéissance. Placés au sein de leur pays natal, dans leurs foyers, entre des gouvernans et des gouvernés qu'ils connaissent, leur intelligence entre pour quelque chose dans leur soumission. Mais un vaste empire rend cette hypothèse absolument chimérique. Un vaste empire nécessite dans les soldats une subordination qui en fait des agens passifs et irréfléchis. Aussitôt qu'ils sont déplacés, ils perdent toutes les données antérieures qui pouvaient éclairer leur jugement. Dès qu'une armée se trouve en présence d'inconnus, de quelques élémens qu'elle se compose, elle n'est qu'une force qui peut indifféremment servir ou détruire. Envoyez aux Pyrénées l'habitant du Jura, et celui du Var dans les Vosges, ces hommes, soumis à la discipline qui les isole des naturels du pays, ne verront que leurs chefs, ne connaîtront qu'eux. Citoyens dans le lieu de leur naissance, ils seront des soldats par-tout ailleurs.

En conséquence, les employer dans l'intérieur d'un pays, c'est exposer ce pays à tous les inconvéniens dont une grande force militaire menace la liberté, et c'est ce qui a perdu tant de peuple libres.

Leurs Gouvernemens ont appliqué au maintien de l'ordre intérieur, des principes qui ne conviennent qu'à la défense extérieure. Ramenant dans leur patrie des soldats vainqueurs, auxquels, avec raison, ils avaient hors du territoire commandé l'obéissance passive, ils ont continué à leur commander cette obéissance contre leurs concitoyens. La question était pourtant toute différente. Pourquoi des soldats, qui marchent contre une armée ennemie, sont-ils dispensés de tout raisonnement?

C'est que la couleur seule des drapeaux de cette armée prouve avec évidence ses desseins hostiles, et que cette évidence supplée à tout examen. Mais lorsqu'il s'agit des citoyens, cette évidence n'existe pas : l'absence du raisonnement prend alors un tout autre caractère. Il y a de certaines armes, dont le droit des gens interdit l'usage, même aux nations qui se font la guerre ; ce que ces armes prohibées sont entre les peuples, la force militaire doit l'être entre les gouvernans et les gouvernés : un moyen qui peut asservir toute une nation est trop dangereux, pour être employé contre les crimes des individus.

La force armée a trois objets différens.

Le premier, c'est de repousser les étrangers. N'est-il pas naturel de placer les troupes destinées à atteindre ce but, le plus près de ces étrangers qu'il est possible, c'est-à-dire, sur les frontières? Nous n'avons nul besoin de défense contre l'ennemi, là où l'ennemi n'est pas.

Le second objet de la force armée, c'est de réprimer les délits privés, commis dans l'intérieur. La force destinée à réprimer ces délits doit être absolument différente de l'armée de ligne. Les Américains l'ont senti.

Pas un soldat ne paraît sur leur vaste territoire pour le maintien de l'ordre public; tout citoyen doit assistance au magistrat dans l'exercice de ses fonctions; mais cette obligation a l'inconvénient d'imposer aux citoyens des devoirs odieux. Dans nos cités populeuses, avec nos relations multipliées, l'activité de notre vie, nos affaires, nos occupations et nos plaisirs, l'exécution d'une loi pareille serait vexatoire ou plutôt impossible; chaque jour cent citoyens seraient arrêtés, pour avoir refusé leur concours à l'arrestation d'un seul: il faut donc que des hommes salariés se chargent volontairement de ces tristes fonctions. C'est un malheur sans doute que de créer une classe d'hommes pour les vouer exclusivement à la poursuite de leurs semblables; mais ce mal est moins grand que de flétrir l'âme de tous les membres de la société, en les forçant à prêter leur assistance à des mesures dont ils ne peuvent apprécier la justice (1).

---

(1) J'excepte, néanmoins, les crimes contre lesquels la sympathie se soulève. Il est des actions tellement atroces, que tous les hommes sont disposés à concourir à leur châtiment. Mais les atteintes à la propriété, bien que

Voici donc déjà deux classes de force armée. L'une sera composée de soldats proprement dits, stationnaires sur les frontières, et qui assureront la défense extérieure ; elle sera distribuée en différens corps, soumise à des chefs sans relations entre eux, et placée de manière à pouvoir être réunie sous un seul en cas d'attaque. L'autre partie de la forœ armée sera destinée au maintien de la police. Cette seconde classe de la force armée n'aura pas les dangers d'un grand établissement militaire; elle sera disséminée sur toute l'étendue du territoire ; car elle ne pourrait être réunie sur un point, sans laisser sur tous les autres les criminels impunis. Cette troupe

---

très-criminelles, ne sauraient exciter en nous une indignation suffisante pour étouffer toute pitié : et quant aux délits qu'on pourrait nommer factices, c'est-à-dire, qui ne sont tels que parce qu'ils enfreignent certaines lois positives, lorsqu'on force les individus à en favoriser la poursuite, on les tourmente et on les dégrade. Je me suis demandé, quelquefois, ce que je ferais, si je me trouvais enfermé dans une ville où il fut défendu, sous peine de mort, de donner asîle à des citoyens accusés de crimes politiques. Je me suis répondu, que si je voulais mettre ma vie en sûreté, je me constituerais prisonnier, aussi long-temps que cette mesure serait en vigueur.

saura elle-même quelle est sa destination. Accoutumée à poursuivre plutôt qu'à combattre, à surveiller plutôt qu'à conquérir, n'ayant jamais goûté l'ivresse de la victoire, le nom de ses chefs ne l'entraînera point au-delà de ses devoirs, et toutes les autorités de l'état seront sacrées pour elles.

Le troisième objet de la force armée, c'est de comprimer les troubles, les séditions. La gendarmerie ne suffit pas. Mais pourquoi recourir à l'armée de ligne? N'avons-nous pas la garde nationale, composée de propriétaires et de citoyens? J'aurais bien mauvaise opinion de la moralité ou du bonheur d'un peuple, si une telle garde nationale se montrait favorable à des rébelles, ou si elle répugnait à les ramener à l'obéissance légitime.

Remarquez que le motif qui rend nécessaire une gendarmerie contre les délits privés, ne subsiste pas quand il s'agit de crimes publics. Ce qui est douloureux dans la répression du crime, ce n'est pas l'attaque, le combat, le péril; c'est l'espionnage, la poursuite, la nécessité d'être dix contre un, d'arrêter, de saisir, même des coupables, quand ils sont sans armes. Mais contre des désordres plus graves, des rébellions, des attroupemens, les citoyens qui aimeront la Constitution de leur pays, et tous l'aimeront, puisque leurs propriétés et leurs libertés seront garanties par elle, s'empresseront d'offrir leurs secours.

Dira-t-on que la diminution qui résulterait, pour la force militaire, de ne la placer que sur les frontières, encouragerait les peuples voisins à nous attaquer? Cette diminution, qu'il ne faudrait certainement pas exagérer, laisserait toujours un centre d'armée, autour duquel les gardes nationales, déjà exercées, se rallieraient contre une agression; et si vos institutions sont libres, ne doutez pas de leur empressement, ne soyez pas défians de leur zèle. Des citoyens ne sont pas lents à défendre leur patrie, quand ils en ont une; ils accourent pour le maintien de leur indépendance au dehors, lorsqu'au dedans ils possèdent la liberté : quand ils restent immobiles, c'est qu'ils n'ont rien à perdre; et à qui la faute?

Ah! j'en atteste l'honneur français; j'en atteste ce sentiment intérieur de tant de braves, dont chaque geste, dont chaque regard est une protestation éloquente contre toute accusation d'indifférence ou de tiédeur! Il ne faut pas croire un peuple vaincu, parce qu'il n'a pas voulu défendre un tyran.

CHAPITRE VII.

DE L'EXERCICE DES DROITS POLITIQUES.

I.

Sont aptes à exercer les droits politiques tous les Français qui possèdent, soit une propriété foncière, soit une ferme, en vertu d'un bail suffisamment long et non résiliable, et qui, par cette possession, existent sans le secours d'un salaire qui les rende dépendans d'autrui.

Observations.

Aucun peuple n'a considéré comme membres de l'état tous les individus résidant, de quelque manière que ce fût, sur son territoire. Il n'est pas ici question des distinctions qui, chez les anciens, séparaient les esclaves des hommes libres, et qui, chez les modernes, séparent les nobles des roturiers. La démocratie la plus absolue établit deux classes : dans l'une sont relégués les étrangers et ceux qui n'ont pas atteint l'âge prescrit par la loi pour exercer les droits de cité; l'autre est composée des hommes parvenus à cet âge, et nés dans le pays. Il existe donc un principe d'après lequel, entre des individus rassemblés sur un territoire, il en est qui sont membres de l'état, et il en est qui ne le sont pas.

Ce principe est évidemment que, pour être membre d'une association, il faut avoir un certain degré de lumières, et un intérêt commun avec les autres membres de cette association. Les hommes, au-dessous de l'âge légal, ne sont pas censés posséder ce degré de lumières; les étrangers ne sont pas censés se diriger par cet intérêt. La preuve en est, que les premiers, en arrivant à l'âge déterminé par la loi, deviennent membres de l'association politique; et que les seconds le deviennent par leur résidence, leurs propriétés ou leurs relations. L'on présume que ces choses donnent aux uns les lumières, aux autres l'intérêt requis.

Mais ce principe a besoin d'une extension ultérieure. Dans nos sociétés actuelles, la naissance dans le pays, et la maturité de l'âge, ne suffisent point pour conférer aux hommes les qualités propres à l'exercice des droits de cité. Ceux que l'indigence retient dans une éternelle dépendance, et qu'elle condamne à des travaux journaliers, ne sont ni plus éclairés que des enfans, sur les affaires publiques, ni plus intéressés que des étrangers à une prospérité nationale, dont ils ne connaissent pas les élémens, et dont ils ne partagent qu'indirectement les avantages.

Je ne veux faire aucun tort à la classe laborieuse. Cette classe n'a pas moins de patriotisme que les autres classes. Elle est prête souvent aux sacrifices les plus héroïques, et son dévouement est d'autant plus admirable, qu'il n'est récompensé ni par la fortune ni par la gloire. Mais autre est, je le pense, le patriotisme qui donne le courage de mourir pour son pays, autre est celui qui rend capable de bien connaître ses intérêts. Il faut donc une condition de plus que la naissance et l'âge prescrit par la loi. Cette condition, c'est le loisir indispensable à l'acquisition des lumières, à la rectitude du jugement. La propriété seule assure ce loisir : la propriété seule rend les hommes capables de l'exercice des droits politiques.

L'on peut dire que l'état actuel de la société, mêlant et confondant de mille manières les propriétaires et les non-propriétaires, donne à une partie des seconds les mêmes intérêts et les mêmes moyens qu'aux premiers ; que l'homme qui travaille n'a pas moins que l'homme qui possède, besoin de repos et de sécurité ; que les propriétaires ne sont de droit et de fait que les distributeurs des richesses communes entre tous les individus, et qu'il est de l'avantage de tous, que l'ordre et la paix favorisent le développement de toutes les facultés et de tous les moyens individuels.

Ces raisonnemens ont le vice de prouver trop. S'ils étaient concluans, il n'existerait plus aucun motif de refuser aux étrangers les droits de cité. Les relations commerciales de l'Europe font qu'il est de l'intérêt de la grande majorité Européenne, que la tranquillité et le bonheur règnent dans tous les pays. Le bouleversement d'un empire, quel qu'il soit, est aussi funeste aux étrangers, qui, par leurs spéculations pécuniaires, ont lié leur fortune à cet empire, que ce bouleversement peut l'être à ses propres habitans, si l'on en excepte les propriétaires. Les faits le démontrent. Au milieu des guerres les plus cruelles, les négocians d'un pays font souvent des vœux, et quelquefois des efforts, pour que la nation ennemie ne soit pas détruite. Néanmoins une considération si vague ne paraîtra pas suffisante pour élever les étrangers au rang de citoyens.

Remarquez que le but nécessaire des non-propriétaires, est d'arriver à la propriété: tous les moyens que vous leur donnerez, ils les emploieront dans ce but. Si à la liberté de facultés et d'industrie que vous leur devez, vous joignez les droits politiques que vous ne leur devez pas, ces droits, dans les mains du plus grand nombre, serviront infailliblement à envahir la propriété. Ils y marcheront par cette route irrégulière, au lieu de suivre la route naturelle, le travail: ce sera pour eux une source de corruption, pour l'état une source de désordres. Un écrivain célèbre a fort bien observé que, lorsque les non-propriétaires ont des droits politiques, de trois choses il en arrive une : ou ils ne reçoivent d'impulsion que d'eux-mêmes, et alors ils détruisent la société ; ou ils reçoivent celle de l'homme ou des hommes en pouvoir, et ils sont des instrumens de tyrannie ; ou ils reçoivent celle des aspirans au pouvoir, et ils sont des instrumens de factions. J'établis donc des conditions de propriété, et je les établis également pour les électeurs et pour les éligibles.

Dans tous les pays qui ont des assemblées représentatives, il est indispensable que ces asssemblées, quelle que soit d'ailleurs leur organisation ultérieure, soient composées de propriétaires. Un individu, par un mérite éclatant, peut captiver la foule : mais les corps ont besoin, pour se concilier la confiance, d'avoir des intérets évidemment conformes à leurs devoirs. Une nation présume toujours que des hommes réunis sont guidés par leurs intérêts. Elle se croit sûre que l'amour de l'ordre, de la justice et de la conservation aura la majorité parmi les propriétaires. Ils ne sont donc pas utiles seulement par les qualités qui leur sont propres ; ils le sont encore par les qualités qu'on leur attribue, par la prudence qu'on leur suppose et par les préventions favorables qu'ils inspirent. Placez au nombre des législateurs, des non-propriétaires, quelque bien intentionnés qu'ils soient, l'inquiétude des propriétaires entravera toutes leurs mesures. Les lois les plus sages seront soupçonnées. et par conséquent désobéies, tandis que l'organisation opposée aurait concilié l'assentiment populaire, même à un gouvernement défectueux à quelques égards.

Durant notre révolution, les propriétaires

ont, il est vrai, concouru avec les non-propriétaires à faire des lois absurdes et spoliatrices. C'est que les propriétaires avaient peur des non-propriétaires revêtus du pouvoir. Ils voulaient se faire pardonner leur propriété. La crainte de perdre ce qu'on a, rend pusillanime, et l'on imite alors la fureur de ceux qui veulent acquérir ce qu'ils n'ont pas. Les fautes ou les crimes des propriétaires furent une suite de l'influence des non-propriétaires.

Mais quelles sont les conditions de propriété qu'il est équitable d'établir ?

Uue propriété peut être tellement restreinte, que celui qui la possède ne soit propriétaire qu'en apparence. Quiconque n'a pas un revenu territorial, dit un écrivain, qui a parfaitement traité cette matière (1), la somme suffisante pour exister pendant l'année, sans être tenu de travailler pour autrui, n'est pas entièrement propriétaire. Il se retrouve, quant à la portion de propriété qui lui manque, dans la classe des salariés. Les propriétaires sont maîtres de son existence, car ils peuvent

---

(1) M. le sénateur Garnier.

lui refuser le travail. Celui qui possède le revenu nécessaire pour exister indépendamment de toute volonté étrangère, peut donc seul exercer les droits de cité. Une condition de propriété inférieure est illusoire : une condition de propriété plus élevée est injuste.

Je ne crois point m'être écarté de ces principes, en reconnaissant pour propriétaire, celui qui tient à long bail une ferme d'un revenu suffisant. Dans l'état actuel des propriétés en France, le fermier qui ne peut être expulsé, est plus réellement propriétaire que le citadin qui ne l'est qu'en apparence d'un bien qu'il afferme. Il est donc juste d'accorder à l'un les mêmes droits qu'à l'autre. Si l'on objecte qu'à la fin du bail le fermier perd sa qualité de propriétaire, je répondrai que par mille accidens, chaque propriétaire peut, d'un jour à l'autre, perdre sa propriété.

2.

Les droits politiques consistent.

1°. A pouvoir être membres des diverses autorités de l'état.

2°. A concourir à l'élection des représentans de la seconde Chambre.

3°. A concourir à l'élection de ceux des

magistrats ou administrateurs dont la loi jugera convenable de confier l'élection au peuple.

Observations.

Je me proposais d'entrer ici dans quelques détails relatifs à ce qu'on peut nommer le pouvoir administratif dans un grand pays. Mais ce sujet est tellement vaste, les différences entre le pouvoir exécutif et le pouvoir administratif sont encore si peu éclaircies, tant de développemens seraient nécessaires, que j'ai cru devoir ajourner l'examen de ces questions. D'ailleurs, quelque spécieuse que soit une théorie, c'est toujours à l'expérience à la rectifier, et toute disposition constitutionnelle serait déplacée, sur une partie de l'organisation politique qui est toute neuve et mal connue. Je hasarderai peut-être un jour quelques idées sur les moyens de concilier l'unité nécessaire à un vaste empire, avec la liberté la plus étendue et la plus paisible dans ce qui tient à l'administration des localités, c'est-à-dire sur la possibilité de réunir ce que le fédéralisme a d'avantageux, avec les avantages plus généraux d'une grande monarchie.

3.

L'élection des membres de la seconde Chambre se fait directement par les citoyens de chaque arrondissement.

Observations.

Depuis les malheurs de la révolution française, l'élection directe est décréditée. Jusqu'à cette époque, toutes les vraisemblances de la théorie, tous les témoignages de la pratique, tous les écrivains anciens, toutes les expériences modernes déposaient en sa faveur. Le peuple d'Athènes, libre dans ses choix, n'a jamais, dit Xénophon, qui n'était nullement partial pour la démocratie, demandé pour des hommes indignes de les remplir, les emplois qui pouvaient intéresser son salut ou sa gloire. Tite-Live nous montre le résultat des comices de Rome, prouvant toujours que l'esprit du peuple était différent, lorsqu'il réclamait le droit de posséder les dignités de l'état, et lorsque, le combat fini, la victoire remportée, il prononçait dans le calme, d'après sa conscience et sa raison. Malgré les efforts des Tribuns, malgré l'intérêt de sa classe, ses choix se dirigeaient constamment sur les plus vertueux et les plus illustres. Depuis 1688, les élections d'Angleterre n'ont porté dans la Chambre des communes que des propriétaires éclairés. L'on aurait peine à citer un Anglais, distingué par ses talens politiques, que l'élection n'ait pas honoré, s'il l'a briguée. La prospérité intérieure de l'Amérique, la liberté individuelle, que des circonstances difficiles n'y ont jamais troublée, les discours et les actes de Jefferson, le choix d'un tel homme par des représentans élus par le peuple, forment en faveur du suffrage populaire une démonstration que rien ne peut affaiblir. Enfin, et ces autorités sont de quelque poids, les deux plus grands publicistes des tems modernes, Machiavel et Montesquieu (1), attestent, l'un et l'autre, l'admirable instinct du peuple, pour choisir ses organes et ses défenseurs.

Mais dans l'histoire des dix années qui viennent de s'écouler, quelques faits paraissent flétrir l'élection populaire; et trompés par ces apparences, des écrivains qui se disent

---

(1) Machiav. déc. I. 47. Montesq. Esp. des lois. II. 2.

amis d'une sage liberté, prétendent que le peuple est incapable de faire de bons choix, et que ses mandataires, pour première condition, doivent n'être pas nommés par lui.

Deux causes ont contribué en France à cette déviation de la pratique de toutes les nations libres, et des principes de tous les tems. La première, c'est que l'élection populaire, proprement dite, n'a jamais existé parmi nous.

Dès l'introduction de la représentation dans nos institutions politiques, l'on a redouté l'intervention du peuple, l'on a créé des assemblées électorales, et ces assemblées électorales ont dénaturé les effets de l'élection. Les gouvernemens dans lesquels le peuple est de quelque chose, seraient le triomphe de la médiocrité, sans une sorte d'électricité morale, dont la nature a doué les hommes, comme pour assurer la domination du génie. Plus les assemblées sont nombreuses, plus cette électricité est puissante ; et comme, lorsqu'il est question d'élire, il est utile qu'elle dirige les choix, les assemblées chargées de la nomination des représentans du peuple, doivent être aussi nombreuses que cela est compatible avec le bon ordre. En Angleterre, les candidats, du haut d'une tribune, au milieu d'une place publique, ou d'une plaine couverte de peuple, haranguent les électeurs qui les environnent. Dans nos assemblées électorales, le nombre était restreint, les formes sévères, un silence rigoureux était prescrit. Aucune question ne se présentait qui put remuer les âmes et subjuguer momentanément les prétentions individuelles et l'égoïsme de localité. Nul entraînement n'était possible. Or, les hommes vulgaires ne sont justes que lorsqu'ils sont entraînés; ils ne sont entraînés que lorsque, réunis en foule, ils agissent et réagissent les uns sur les autres. Les assemblées électorales favorisaient, par leur organisation, l'envie et la nullité. Sans doute, on a toujours vu siéger, dans nos législatures, des individus éclairés ; mais il faut convenir néanmoins qu'il s'y est introduit beaucoup d'hommes, qui n'ayant ni propriétés, ni facultés éminentes, n'auraient jamais obtenu, par un mode d'élection vraiment populaire, les suffrages de la nation. On n'attire les regards de plusieurs milliers de citoyens, que par une grande opulence ou par une réputation étendue. Quelques relations domestiques accaparent une majorité dans une réunion de deux à trois cents. Pour être nommé par le peuple, il faut avoir des partisans placés au-delà des alentours ordinaires, et par conséquent un mérite positif. Pour être choisi par quelques électeurs, il suffit de n'avoir point d'ennemis. L'avantage est tout entier pour les qualités négatives, et la chance est même contre le talent. Aussi la représentation nationale, parmi nous, a-telle été souvent moins avancée que l'opinion sur beaucoup d'objets (1).

Il faut d'ailleurs, pour que l'élection soit populaire, qu'elle soit essentiellement libre. Or, à quelle époque l'a-t-elle été durant la révolution? est-ce à la fin de 1791, lorsque la France était agitée par des passions de tout genre? Est-ce à la fin de 1792, après les massacres de septembre? Est-ce en 1795, après la journée du 13 vendémiaire? Est-ce en 1799, après le 18 fructidor? Est-ce en l'an 7, lorsqu'un acte arbitraire avait frappé de nullité l'exercice des droits du peuple, et que les citoyens de tous les partis refusaient de concourir à des élections menacées du même sort? Qui ne

---

(1) Je ne parle pas des questions de parti, sur lesquelles, au milieu des commotions, les lumières n'influent pas : je parle des objets d'économie politique.

sent que les premiers essais d'une institution peuvent être accompagnés de troubles étrangers à l'institution même ? Le renversement de ce qui a existé, l'incertitude sur ce qui existe, les passions qui s'agitent en sens opposés, toutes ces choses sont d'ordinaire contemporaines des grands changemens politiques, chez les peuples avancés dans la civilisation, mais ne tiennent en rien aux principes ou à la nature de ce qu'on veut établir.

La seconde cause de nos défiances actuelles contre l'élection directe, c'est qu'aucune de nos constitutions n'avait assigné de bornes au pouvoir législatif. La souveraineté du peuple, absolue, illimitée, avait été transmise par la nation, ou du moins en son nom, comme c'est l'ordinaire, par ceux qui la dominaient, à des assemblées représentatives. Il dut en résulter l'arbitraire le plus inouï. La constitution (1), qui la première mit un terme à ce despotisme, ne restreignait pas encore suffisamment le le pouvoir législatif. Elle ne consacrait ni l'indispensable veto du pouvoir exécutif, ni la possibilité non moins indispensable de la

---

(1) La constitution dite de l'an 3.

dissolution des assemblées représentatives; elle ne garantissait pas même, comme certaines constitutions américaines (1), les droits les plus sacrés des individus, contre les empiétemens des législateurs. Doit-on s'étonner que le pouvoir exécutif ait continué de faire du mal? L'on s'en est pris à l'élection directe, c'était une méprise profonde. Il n'en fallait point accuser le mode de nomination des législateurs, mais la nature de leur autorité. La faute n'en était pas aux choix faits par les représentés, mais aux pouvoirs sans frein des représentans. Le mal n'aurait pas été moins grand, quand les mandataires de la nation se seraient nommés eux-mêmes, ou quand ils auraient été nommés par une corporation constituée quelconque. Ce mal tenait à ce que leur volonté, décorée du nom de loi, n'étoit contrebalancée, réprimée, arrêtée par rien. Quand l'autorité législative s'étend à tout, elle ne peut faire que du mal, de quelque manière qu'elle soit nommée.

---

(1) Les membres de la législature de New-Jersey font serment de ne pas voter contre les élections périodiques, le jugement par jurés, la liberté de conscience, et celle de la presse.

Les faits ne prouvent donc rien contre l'élection directe. Comparons-lui maintenant les modes d'élection qu'on a prétendu lui substituer, et nous reviendrons aux raisonnemens allégués contre elle pour justifier ces modes.

La constitution consulaire en a établi deux successivement.

Je ne parlerai qu'en passant du premier, je veux dire de l'institution des listes d'éligibles. Cette institution, repoussée par l'opinion, dès son origine, n'a pas résisté longtems à cette puissance, qui cède quelquefois momentanément aux baïonnettes, mais qui finit toujours par avoir les baïonnettes de son côté. L'on ne voit plus aujourd'hui une nation de trente millions d'hommes, livrée à cinq mille privilégiés de création soudaine, autorisés seuls à remplir toutes les fonctions éminentes de leur pays. Il faut en convenir, c'était une idée bizarre que d'ordonner au peuple, incapable, assurait-on, de faire des choix éclairés, même en consacrant à ces choix son attention la plus réfléchie; c'était, dis-je, une idée bizarre, que d'ordonner à ce peuple de tracer d'une main rapide une foule de noms, dont il ignorait le plus grand nombre, et de vouloir que par cette nomenclature méchanique, sans rien accorder à ceux qu'il désignait, il déshéritât ceux qu'il oubliait ou qu'il ne connaissait pas.

Enfin elle fut détruite, cette oligarchie, plus resserrée en nombre, plus dénuée d'éclat, que les aristocraties les plus abusives; cette oligarchie, dont les membres n'avaient pour eux ni les grands souvenirs des nobles de la France ou de l'Espagne, ni les fonctions positives des pairs d'Angleterre, ni la considération des patriciens de Venise ou de la Suisse.

Le principe de la notabilité, qui, comme on le verra, n'a pas été abandonné jusqu'ici, reposait sur une erreur spécieuse. Il importe à la liberté, disait-on, que les hommes impopulaires n'arrivent pas aux places, et il importe à l'ordre que les factieux ne s'en emparent pas; on avait, en conséquence, exposé les amis du Gouvernement à se voir exclus par le peuple, et les amis du peuple à se voir écartés par le Gouvernement. Mais ce n'est point un mal que le Gouvernement donne sa confiance à des hommes impopulaires, quand ils sont intègres et scrupuleux, pourvu que la liberté soit d'ailleurs entourée de sauvegardes; et ce n'est pas un mal non plus que le peuple puisse remettre ses intérêts aux caractères indépendans, lorsque la Constitution est du reste solidement organisée. Ce ne sont pas les talens qu'il faut exclure, même quand on les croit dangereux; ce sont les intérêts qu'il faut concilier, et les garanties qu'il faut rendre inviolables. Par la notabilité, sans doute, les Scipions, à Rome, n'auraient pas été du nombre des éligibles, ni les Gracques de celui des élus; mais qu'on ne pense pas que la paix y eut gagné : les dissentions civiles n'avaient, pour première cause, ni la fierté des Scipions, ni la turbulence des Gracques, mais les intérêts opposés des deux classes ennemies, et l'absence de tout pouvoir intermédiaire qui pût les calmer. Avec moins de talens ou d'éloquence, les champions des deux castes n'en auraient pas eu moins d'acharnement.

Les partisans de la notabilité croyaient jeter une grande défaveur sur leurs adversaires, en les accusant de ne s'élever contre cette féodalité nouvelle, que parce qu'ils craignaient de n'en pas être membres. Mais quand nous admettrions pour un instant qu'un intérêt ignoble préside toujours aux réclamations des hommes, en faudrait-il moins respecter les réclamations fondées? Les Plébeïens peut-être ne luttaient contre les Patriciens, qui traitaient leurs débiteurs comme des esclaves, que parce qu'ils n'étaient pas Patriciens eux-mêmes. Les Ilotes se plaignaient probablement des Spartiates, parce qu'ils ne faisaient point partie de cette caste favorisée. Mais leurs plaintes en étaient-elles moins justes? Et qui donc osera prétendre que les opprimés ne réclament que faute d'être au nombre des oppresseurs! C'est calomnier la nature humaine, dont une partie nombreuse, et la plus excellente, s'indigne des abus, lors même qu'ils tournent à son avantage, et ne veut ni souffrir l'injustice, ni la partager.

Le mode substitué aux listes d'éligibles, et qui a subsisté jusqu'à présent, n'a en rien changé la base de l'élection : c'est toujours un Sénat qui nomme, et une nation qui ne nomme pas.

Les colléges électoraux présentent des listes; mais comment Buonaparte a-t-il organisé ces collèges, et quelle liberté leur est laissée ?

Ils sont présidés par un homme dont la nomination ne leur appartient pas, et qui a la police de leurs assemblées; ils sont dirigés dans toutes leurs formes par des réglemens émanés d'une volonté étrangère; ils sont choisis pour la vie, et néanmoins exposés à être dissous; ils sont obligés de recevoir un dixième environ d'intrus, envoyés comme une garnison dans une place qu'on veut contenir. Ces collèges offrent-ils la moindre trace d'une origine nationale? permettent-ils la moindre espérance de liberté dans leur action? Quand on contemplait ces deux cents hommes rassemblés dans une salle, et surveillés par vingt délégués du maître, on croyait voir des prisonniers gardés par des gendarmes, plutôt que des électeurs procédant à la fonction la plus imposante et la plus auguste.

Venons à la seconde partie de l'élection, ou plutôt à l'élection même qui se fait par le Sénat.

Pour en juger impartialement, je citerai les propres paroles du défenseur le plus estimable de cette institution (1).

(1) Considérations sur la constitution de l'an 8, par M. le sénateur Cabanis.

«Le peuple, dit-il, est absolument inca-
» pable d'approprier aux diverses parties de
» l'établissement public, les hommes dont le
» caractère et les talens conviennent le mieux;
» il ne doit faire directement aucun choix :
» les corps électoraux doivent être institués,
» non point à la base, mais au sommet de
» l'établissement; les choix doivent partir,
» non d'en bas, où ils se font toujours néces-
» sairement mal, mais d'en haut, où ils se
» feront nécessairement bien; car les élec-
» teurs auront toujours le plus grand intérêt
» au maintien de l'ordre et à celui de la li-
» berté publique, à la stabilité des institu-
» tions et au progrès des idées, à la fixité
» des bons principes et à l'amélioration gra-
» duelle des lois et de l'administration. Quand
» les nominations des fonctionnaires, pour
» désignation spéciale de fonctions, se font
» par le peuple, les choix sont en général
» essentiellement mauvais (1). S'il s'agit de

---

(1) Je ne puis m'empêcher de rapprocher de cette assertion le sentiment de Machiavel et de Montesquieu, bien que je l'aye déjà indiqué précédemment. Les hommes, dit le premier, quoique sujets à se tromper sur le général, ne se trompent pas sur le particulier.

Machiavel; Discours sur la 1ère Décade de Tite-Live. Chapitre 58 du liv. 1er et 34. du liv. 3.

» magistratures éminentes, les corps électo-
» raux inférieurs choisissent eux-mêmes assez
» mal. Ce n'est plus alors que par une espèce
» de hasard, que quelques hommes de mérite
» s'y trouvent de tems en tems appelés. Les
» nominations au Corps-législatif, par exem-
» ple, ne peuvent être convenablement faites
» que par des hommes qui connaissent bien
» l'objet ou le but général de toute législa-
» tion, qui soient très au fait de l'état présent
» des affaires et des esprits, qui puissent, en
» parcourant de l'œil toutes les divisions du
» territoire, y désigner d'une main sûre l'élite
» des talens, des vertus et des lumières. Quand
» un peuple nomme ses mandataires princi-
» paux sans intermédiaire, et qu'il est nom-
» breux et disséminé sur un vaste territoire,
» cette opération l'oblige inévitablement à
» se diviser en sections; ces sections sont
» placées à des distances qui ne leur permet-
» tent ni communication, ni accord récipro-
» que. Il en résulte des choix sectionnaires.

Le peuple est admirable, dit le second, pour choisir ceux à qui il doit confier une partie de son autorité; et tout le reste du paragraphe démontre que Montesquieu a en vue une désignation spéciale, une fonction déterminée.

Montesquieu: De l'Esprit des lois, liv. 2. chap. 2.

» Il faut chercher l'unité des élections dans
» l'unité du pouvoir électoral. »

Ces raisonnemens reposent sur une idée très-exagérée de l'intérêt général, du but général, de la législation générale, de toutes les choses auxquelles cette épithète s'applique. Qu'est-ce que l'intérêt général, sinon la transaction qui s'opère entre les intérêts particuliers? qu'est-ce que la représentation générale, sinon la représentation de tous les intérêts partiels qui doivent transiger sur les objets qui leur sont communs? L'intérêt général est distinct sans doute des intérêts particuliers, mais il ne leur est point contraire. On parle toujours comme si l'un gagnait à ce que les autres perdent; il n'est que le résultat de ces intérêts combinés; il ne diffère d'eux que comme un corps diffère de ses parties. Les intérêts individuels sont ce qui intéresse le plus les individus; les intérêts sectionnaires sont ce qui intéresse le plus les sections : or, ce sont les individus, ce sont les sections qui composent le corps politique; ce sont par conséquent les intérêts de ces individus et de ces sections qui doivent être protégés : si on les protège tous, l'on retranchera, par cela même, de chacun ce qu'il contiendra de nuisible aux autres, et de-là seulement peut résulter le véritable intérêt public. Cet intérêt public n'est autre chose que les intérêts individuels, mis réciproquement hors d'état de se nuire. Cent députés, nommés par cent sections d'un état, apportent, dans le sein de l'assemblée, les intérêts particuliers, les préventions locales de leurs commettans; cette base leur est utile : forcés de délibérer ensemble, ils s'aperçoivent bientôt des sacrifices respectifs qui sont indispensables; ils s'efforcent de diminuer l'étendue de ces sacrifices, et c'est l'un des grands avantages de leur mode de nomination. La nécessité finit toujours par les réunir dans une transaction commune, et plus les choix ont été sectionnaires, plus la représentation atteint son but général. Si vous renversez la gradation naturelle, si vous placez le corps électoral au sommet de l'édifice, ceux qu'il nomme se trouvent appelés à prononcer sur un intérêt public dont ils ne connaissent pas les élémens; vous les chargez de transiger pour des parties dont ils ignorent ou dont ils dédaignent les besoins. Il est bon que le représentant d'une section soit l'organe de cette section; qu'il n'abandonne aucun de ses droits réels ou imaginaires, qu'après les avoir défendus; qu'il soit partial pour la section dont il est le mandataire, parce que, si chacun est partial pour ses commettans, la partialité de chacun, réunie et conciliée, aura les avantages de l'impartialité de tous.

Les assemblées, quelque sectionnaire que puisse être leur composition, n'ont que trop de penchant à contracter un esprit de corps qui les isole de la nation. Placés dans la capitale, loin de la portion du peuple qui les a nommés, les représentans perdent de vue les usages, les besoins, la manière d'être du département qu'ils représentent; ils deviennent dédaigneux et prodigues de ces choses: que sera-ce si ces organes des besoins publics sont affranchis de toute responsabilité locale (1), mis pour jamais au-dessus des suffrages de leurs concitoyens, et choisis par un corps placé, comme on le veut, au sommet de l'édifice constitutionnel?

Plus un état est grand, et l'autorité centrale forte, plus un corps électoral unique est inadmissible, et l'élection directe indispen-

(1) L'on sent bien qu'ici par le mot de responsabilité, je n'entends point une responsabilité légale, mais une responsabilité d'opinion.

sable. Une peuplade de cent mille hommes pourrait investir un Sénat du droit de nommer ses députés; des républiques fédératives le pourraient encore : leur administration intérieure ne courrait au moins pas de risques. Mais dans tout Gouvernement qui tend à l'unité, priver les fractions de l'état d'interprètes nommés par elle, c'est créer des corporations délibérant dans le vague, et concluant de leur indifférence pour les intérêts particuliers, à leur dévouement pour l'intérêt général.

Ce n'est pas le seul inconvénient de la nomination des mandataires du peuple par un Sénat.

Ce mode détruit d'abord l'un des plus grands avantages du gouvernement représentatif, qui est d'établir des relations fréquentes entre les diverses classes de la société. Cet avantage ne peut résulter que de l'élection directe. C'est cette élection qui nécessite, de la part des classes puissantes, des ménagemens soutenus envers les classes inférieures. Elle force la richesse à dissimuler son arrogance, le pouvoir à modérer son action, en plaçant dans le suffrage de la partie la moins opulente des propriétaires, une récompense pour la justice et pour la bonté, un châtiment contre l'oppression. Il ne faut pas renoncer légèrement à ce moyen journalier de bonheur et d'harmonie, ni dédaigner ce motif de bienfaisance, qui peut d'abord n'être qu'un calcul, mais qui bientôt devient une vertu d'habitude (1).

L'on se plaint de ce que les richesses se concentrent dans la capitale, et de ce que les campagnes sont épuisées, par le tribut continuel qu'elles y portent et qui ne leur revient jamais. L'élection directe repousse les propriétaires vers les propriétés, dont, sans

---

(1) On objectera, peut-être, qu'en accordant les droits politiques aux propriétaires seuls, je diminue cet avantage du système représentatif. Mais 1°. J'accorde ces droits politiques aux possesseurs de propriétés tellement modiques, qu'ils seront toujours, malgré leurs propriétés, dans une dépendance sinon absolue, du moins relative, des classes opulentes. 2°. Il n'y a pas entre les petits propriétaires et les non-propriétaires une ligne de démarcation telle, que le riche puisse se concilier les premiers en opprimant les seconds. Les non-propriétaires, les artisans dans les bourgs et les villages, les journaliers dans les hameaux, sont tous parens des propriétaires. Ils feraient cause commune contre l'oppresseur. Il est donc nécessaire de les ménager tous, pour obtenir les suffrages de ceux qui auront le droit de voter : et de la sorte la propriété se trouvera respectée et les égards dus à l'indigence acquerront une garantie.

elle, ils s'éloignent. Lorsqu'ils n'ont que faire des suffrages du peuple, leur calcul se borne à retirer de leurs terres le produit le plus élevé. L'élection directe leur suggère un calcul plus noble, et bien plus utile à ceux qui vivent sous leur dépendance. Sans l'élection populaire, ils n'ont besoin que de crédit, et ce besoin les rassemble autour de l'autorité centrale. L'élection populaire leur donne le besoin de la popularité, et les reporte vers sa source, en fixant les racines de leur existence politique dans leurs possessions (1).

L'on a vanté quelquefois les bienfaits de la féodalité, qui retenait le seigneur au milieu de ses vassaux, et répartissait également l'opulence entre toutes les parties du territoire. L'élection populaire a le même effet désirable, sans entraîner les mêmes abus.

On parle sans cesse d'encourager, d'honorer l'agriculture et le travail. L'on essaye des primes que distribue le caprice, des dé-

---

(1) Ce raisonnement n'aurait pas moins de force, si dans une monarchie constitutionnelle, on confiait au roi, le choix définitif, entre les candidats présentés; et il y aurait un autre danger. Si le candidat choisi par le roi désapprouvait quelque mesure du Gouvernement, il se trouverait placé entre un devoir moral et un devoir politique, entre la reconnaissance et l'intérêt public.

corations que l'opinion conteste. Il serait plus simple de donner de l'importance aux classes agricoles; mais cette importance ne se crée point par des décrets. La base en doit être placée dans l'intérêt de toutes les espérances à la reconnaître, de toutes les ambitions à la ménager.

En second lieu, la nomination par un sénat aux fonctions représentatives, tend à corrompre ou du moins à affaiblir le caractère des aspirans à ces fonctions éminentes.

Quelque défaveur que l'on jette sur la brigue, sur les efforts dont on a besoin pour captiver une multitude, ces choses ont des effets moins fâcheux que les tentatives détournées qui sont nécessaires pour se concilier un petit nombre d'hommes en pouvoir.

La brigue, dit Montesquieu, est dangereuse dans un sénat, elle est dangereuse dans un corps de nobles, elle ne l'est pas dans le peuple, dont la nature est d'agir par passion (1).

Ce que l'on fait pour entraîner une réunion nombreuse, doit paraître au grand jour, et la pudeur modère les actions publiques; mais lorsqu'on s'incline devant quelques

(1) Esprit des Lois. II. 2. 3.

3. par sa fougue et non par ses passions.

hommes que l'on implore isolément, on se prosterne à l'ombre, et les individus puissans ne sont que trop portés à jouir de l'humilité des prières et des supplications obséquieuses.

Il y a des époques où l'on redoute tout ce qui ressemble à de l'énergie : c'est quand la tyrannie veut s'établir, et que la servitude croit encore en profiter : telle était l'époque où se consolidait l'empire de Buonaparte. Alors on vante la douceur, la souplesse, les talens occultes, les qualités privées ; mais ce sont des époques d'affaiblissement moral. Que les talens occultes se fassent connaître, que les qualités privées trouvent leur récompense dans le bonheur domestique, que la souplesse et la douceur obtiennent les faveurs des grands. Aux hommes qui commandent l'attention, qui attirent le respect, qui ont acquis des droits à l'estime, à la confiance, à la reconnaissance du peuple, appartiennent les choix de ce peuple, et ces hommes plus énergiques seront aussi plus modérés.

On se figure toujours la médiocrité comme paisible ; elle n'est paisible que lorsqu'elle est impuissante. Quand le hasard réunit beaucoup d'hommes médiocres et les investit de quelque force, leur médiocrité est plus agitée, plus envieuse, plus convulsive dans sa marche que le talent, même lorsque les passions l'égarent. Les lumières calment les passions, adoucissent l'égoïsme en rassurant la vanité.

Revenons-en donc à l'élection directe. Si le tumulte des élections Britanniques nous effraie, il est possible, par une organisation plus compliquée, d'apporter un plus grand calme dans l'exercice de ce droit du peuple. Un auteur illustre à plus d'un titre, comme éloquent écrivain, comme ingénieux politique, comme infatigable ami de la liberté et de la morale (1), a proposé, dans l'un de ses ouvrages, un mode d'élection qui a semblé réunir une approbation générale. Cent propriétaires, nommés par leurs pairs, présenteraient dans chaque arrondissement, à tous les citoyens ayant droit de voter, cinq candidats, entre lesquels ces citoyens choisiraient. Ce mode est préférable à ceux que nous avons essayés jusqu'à ce jour. Tous les citoyens concourraient directement à la nomination de leurs mandataires.

---

(1) M. Necker. père de Mad.e de Stael, amie de l'auteur.

Il y a néanmoins un inconvénient. Si vous confiez à cent hommes la première proposition, tel individu qui jouirait dans son arrondissement d'une grande popularité, peut se voir exclu de la liste. Or cette exclusion suffirait pour désintéresser les votans appelés à choisir entre cinq candidats, parmi lesquels ne seraient pas l'objet de leurs désirs réels et de leur véritable préférence.

Je voudrais, en laissant au peuple le choix définitif, lui donner aussi la première initiative. Je voudrais que, dans chaque arrondissement, tous les citoyens, ayant droit de voter, (on se rappellera que je n'admets à cette prérogative que les hommes qui possèdent un revenu net indépendant) fissent une première liste de cinquante. Ils formeraient ensuite l'assemblée des cent, chargés sur ces cinquante, d'en présenter cinq, et le choix se ferait de nouveau entre ces cinq par tous les citoyens.

Ce mode me paraîtrait réunir un double avantage. Les cent propriétaires chargés de la présentation ne pourraient pas être entraînés par leur partialité pour un candidat, à ne présenter à côté de lui que des concurrens impossibles à élire : et qu'on ne dise pas que ce danger est imaginaire. Nous avons vu le conseil des cinq cents avoir recours à ce stratagême pour forcer la composition du directoire. Le droit de présenter équivaut à celui d'exclure.

Cet inconvénient serait diminué par la modification que je propose ; 1°. l'assemblée qui présenterait, serait forcée de choisir ses candidats parmi des hommes investis déjà du vœu populaire, possédant tous, par conséquent, un certain dégré de crédit et de considération parmi leurs concitoyens. 2°. Si dans la première liste il se trouvait un homme auquel une réputation étendue aurait valu la grande majorité des suffrages, les cent électeurs se dispenseraient difficilement de le présenter, tandis qu'au contraire, s'ils avaient la liberté de former une liste, sans que le vœu du peuple se fut préalablement manifesté, des motifs d'attachement ou de jalousie pourraient les porter à exclure celui que ce vœu désignerait, mais n'aurait nul moyen de revêtir d'une indication légale.

Ce n'est au reste que par déférence pour l'opinion dominante que je transige sur l'élection immédiate. Témoin des désordres apparens qui agitent en Angleterre les élections contestées, j'ai vu combien le tableau de ces désordres est éxagéré. J'ai vu sans doute des élections accompagnées de rixes, de clameurs, de disputes violentes; mais le choix n'en portait pas moins sur des hommes distingués ou par leurs talens, ou par leur fortune : et l'élection finie, tout rentrait dans la règle accoutumée. Les électeurs de la classe inférieure, naguères obstinés et turbulens, redevenaient laborieux, dociles, respectueux même. Satisfaits d'avoir exercé leurs droits, ils se pliaient d'autant plus facilement aux supériorités et aux conventions sociales, qu'ils avaient, en agissant de la sorte, la conscience de n'obéir qu'au calcul raisonnable de leur intérêt éclairé. Le lendemain d'une élection, il ne restait plus la moindre trace de l'agitation de la veille. Le peuple avait repris ses travaux, mais l'esprit public avait reçu l'ébranlement salutaire nécessaire pour le ranimer.

Que si l'on redoute le caractère français, plus impétueux, plus impatient du joug de la loi, je dirai que nous ne sommes tels, que parce que nous n'avons pas contracté l'habitude de nous réprimer nous-mêmes. Il en est des élections comme de tout ce qui tient au bon ordre. Par des précautions inutiles, on cause le désordre ou bien on l'accroît. En France, nos spectacles, nos fêtes sont hérissés de gardes et de baïonnettes; on croirait que trois citoyens ne peuvent se rencontrer, sans avoir besoin de deux soldats pour les séparer. En Angleterre, vingt mille hommes se rassemblent, pas un soldat ne paraît au milieu d'eux; la sûreté de chacun est confiée à la raison et à l'intérêt de chacun, et cette multitude, se sentant dépositaire de la tranquillité publique et particulière, veille avec scrupule sur ce dépôt.

Mais j'irai plus loin: j'admets que tout ce que l'on invente sur les élections d'Angleterre nous soit démontré, et que de tems en tems quelques hommes périssent étouffés par la foule ou dans une rixe inopinée. Nous avons bien d'autres faits sous les yeux. Buonaparte avait détruit les derniers vestiges de l'élection populaire. Qu'est-il arrivé? que ni les guerres, ni les vexations n'ont, durant douze années, rencontré de résistance. Ne périssaient-ils pas aussi, ceux qu'il déportait sur des plages lointaines, ceux qu'il entraînait dans des déserts glacés ou qu'il envoyait au-delà des mers? et lorsqu'enfin des voix courageuses se sont élevées, qu'a-t-il répondu? *Quels sont vos titres? où est votre mission? vous n'êtes pas les représentans du peuple, car ce n'est pas lui qui vous a nommés.*

En effet, l'élection populaire peut seule investir la représentation nationale d'une force véritable et lui donner dans l'opinion des racines profondes. Le représentant nommé par tout autre mode, ne trouve nulle part une voix qui reconnaisse la sienne; aucune fraction du peuple ne lui tient compte de son courage. La tyrannie, nous l'avons assez vu, invoque tour à tour les votes d'une prétendue représentation contre ce peuple, et le nom de ce peuple contre cette prétendue représentation. Ce vain simulacre ne sert jamais de barrière, mais sert d'apologie à tous les excès (1).

(1) Je dois observer qu'on a objecté que l'élection populaire n'existait pas pleinement en Angleterre, parce qu'il y a des bourgs où les électeurs sont très-peu nombreux; dans quelques uns même, il n'y a qu'un seul électeur: mais à côté de ces bourgs, il y a des comtés et des villes où le nombre des électeurs est immense : c'est de là que proviennent la vie et le mouvement qu'imprime à l'esprit public l'élection directe. Dira-t-on que les bourgs où les électeurs sont peu nombreux servent de contre-poids

CHAPITRE VIII.

DES DROITS DE TOUS LES HOMMES RÉSIDANS EN FRANCE.

I.

Tous les hommes résidans en France jouissent des droits suivans :

1.° De la liberté individuelle.

2.° Du jugement par jurés.

3.° De la liberté religieuse.

4.° De la liberté d'industrie.

5.° De la garantie de leurs créances sur l'état.

---

nécessaire, mais ce contre-poids se trouverait dans les conditions de propriété que j'ai proposées, et qui sont plus fortes qu'en Angleterre pour les électeurs. Le reste se fera de lui-même. Qu'une constitution sage s'établisse : vous aurez bientôt de grands propriétaires que l'élection par le peuple fixera chez eux. Beaucoup d'élections dépendront de ces grands propriétaires, sinon par le droit, du moins par le fait. C'est la tendance naturelle : mais il faut attendre : il faut consacrer de bons principes, et laisser les institutions se modifier. Ce qui se fait par le tems n'est pas un abus ; mais créer des abus pour imiter le tems n'est ni raisonnable ni possible.

6.° De la liberté de manifester et de publier leurs opinions, sauf leur résponsabilité légale.

Observations.

Les hommes ont deux moyens de manifester leur pensée, la parole et les écrits.

Il fut un temps où l'autorité croyait devoir étendre sa surveillance sur la parole. En effet, si l'on considère qu'elle est l'instrument indispensable de tous les complots, l'avant-coureur nécessaire de presque tous les crimes, le moyen de communication de toutes les intentions perverses, l'on conviendra qu'il serait à desirer qu'on pût en circonscrire l'usage, de manière à faire disparaître ses inconvéniens, en lui laissant son utilité. Pourquoi donc a-t-on renoncé à tout effort pour arriver à ce but si desirable ? C'est que l'expérience a démontré que les mesures propres à y parvenir étaient productives de maux plus grands que ceux auxquels on voulait porter remède. Espionnage, corruption, délation, calomnies, abus de confiance, trahisons, soupçons entre les parens, dissentions entre les amis, inimitié entre les indifférens, achat des infidélités domestiques, vénalité, mensonge,

Tout ceci jusqu'à la page 57 est cité à la fin du Traité de la liberté des Brochures &c. par le même auteur. pages 35 et suiv.

parjure, arbitraire, tels étaient les élémens dont se composait l'action de l'autorité sur la parole. L'on a senti que c'était acheter trop cher l'avantage de la surveillance. L'on a de plus appris que c'était attacher de l'importance à ce qui ne devait pas en avoir; qu'en enrégistrant l'imprudence, on la rendait hostilité ; qu'en arrêtant au vol des paroles fugitives, on les faisait suivre d'actions téméraires ; et qu'il valait mieux, en sévissant contre les délits que la parole pouvait avoir amenés, laisser s'évaporer d'ailleurs ce qui ne produisait point de résultat.

En conséquence, à l'exception de quelques circonstances très-rares, de quelques époques évidemment désastreuses, ou de quelques gouvernemens ombrageux, qui ne déguisent point leur tyrannie, l'autorité a consacré une distinction, qui rend sa juridiction sur la parole plus douce et plus légitime. La manifestation d'une opinion peut, dans un cas particulier, produire un effet tellement infaillible, qu'elle doive être considérée comme une action. Alors, si cette action est coupable, la parole doit être punie.

Il en est de même des écrits. Les écrits, comme la parole, comme les mouvemens les plus simples, peuvent faire partie d'une action. Ils doivent être jugés comme partie de cette action, si elle est criminelle. Mais s'ils ne font partie d'aucune action, ils doivent, comme la parole, jouir d'une entière liberté.

Ceci répond également à ces frénétiques, qui, de nos jours, voulaient démontrer la nécessité d'abattre un certain nombre de têtes qu'ils désignaient, et se justifiaient ensuite, en disant qu'ils ne faisaient qu'émettre leur opinion, et aux inquisiteurs qui voudraient se faire un titre de ce délire, pour soumettre la manifestation de toute opinion à la juridiction de l'autorité.

Si vous admettez la nécessité de réprimer la manifestation des opinions, en tant qu'opinions, il faut, ou que la partie publique agisse judiciairement, d'après des lois fixes, ou que vous établissiez des mesures prohibitives, qui vous dispensent des voies judiciaires.

Dans le premier cas, vos lois seront éludées. Rien de plus facile à une opinion que de se présenter sous des formes tellement variées, qu'aucune loi précise ne la puisse atteindre.

Les matérialistes ont reproduit souvent, contre la doctrine de l'esprit pur, une objection qui n'a perdu de sa force, que depuis qu'une philosophie moins téméraire nous a fait reconnaître l'impossibilité où nous sommes de rien concevoir sur ce que nous appelons matière, et sur ce que nous nommons esprit. L'esprit pur, disaient-ils, ne peut agir sur la matière. On peut dire avec plus de raison, et sans se perdre dans une métaphysique subtile, qu'en fait de gouvernement, la matière ne peut jamais agir sur l'esprit. Or, l'autorité, comme autorité, n'a jamais que de la matière à son service. Les lois positives sont de la matière. La pensée, et l'expression de la pensée, sont insaisissables pour elles.

Si, passant au second moyen, vous accordez à l'autorité le droit de prohiber la manifestation des opinions, vous l'investissez du droit de déterminer leurs conséquences, de tirer des inductions, de raisonner, en un mot, et de mettre ses raisonnemens à la place des faits, c'est consacrer l'arbitraire dans toute sa latitude.

Vous ne sortirez jamais de ce cercle. Ces hommes auxquels vous confiez le droit de juger des opinions, ne sont-ils pas aussi susceptibles que les autres, d'injustice ou du moins d'erreur?

On dirait que les verbes impersonnels ont trompé les écrivains politiques. Ils ont cru dire quelque chose en disant : il faut réprimer les opinions des hommes ; il ne faut pas abandonner les hommes aux divagations de leur esprit : on doit préserver la pensée des hommes des écarts où le sophisme pourrait l'entraîner. Mais ces mots, *on doit, il faut, il ne faut pas*, ne se rapportent-ils pas à des hommes ? est-il question d'une espèce différente ? toutes ces phrases se réduisent à dire : des hommes doivent réprimer les opinions des hommes, des hommes doivent empêcher les hommes de se livrer aux divagations de leur esprit ; des hommes doivent préserver d'écarts dangereux la pensée des hommes. Les verbes impersonnels semblent nous avoir persuadé qu'il y avait autre chose que des hommes dans les instrumens de l'autorité.

L'arbitraire que vous permettez contre la pensée pourra donc étouffer les vérités les plus nécessaires, aussi bien que réprimer les erreurs les plus funestes.

Toute opinion pourra être empêchée ou punie. Vous donnez à l'autorité toute faculté de mal faire, pourvu qu'elle ait soin de mal raisonner.

Lorsqu'on ne considère qu'un côté des questions morales et politiques, il est facile de tracer un tableau terrible de l'abus de nos facultés; mais lorsqu'on envisage ces questions sous tous les points de vue, le tableau des malheurs qu'occasionne le pouvoir, en restreignant ces facultés, n'est certes pas moins effrayant.

La théorie de l'autorité se compose de deux termes de comparaison, utilité du but, nature des moyens. Si l'on ne fait entrer en ligne de compte que le premier de ces termes, on se trompe, car on oublie la pression que ces moyens exercent, les obstacles qu'ils rencontrent, le danger et le malheur de la lutte, et enfin l'effet même de la victoire, si on la remporte.

En mettant de côté toutes ces choses, on peut faire un grand étalage des avantages que l'on espère. Tant que l'on décrit ces avantages, on trouve le but merveilleux et le systême inattaquable; mais si ce but est impossible à atteindre, ou si l'on ne peut y arriver que par des moyens qui fassent un mal plus grand que le bien auquel on aspire, on aura prodigué en vain beaucoup d'éloquence, on se sera soumis gratuitement à beaucoup de vexations.

Quel est en effet le résultat de toutes les atteintes portées à la liberté des écrits ? d'exaspérer les écrivains qui ont le sentiment de l'indépendance, inséparable du talent, de les forcer à recourir à des allusions qui deviennent amères, parce qu'elles sont indirectes, de nécessiter la circulation de productions clandestines et d'autant plus dangereuses, d'alimenter l'avidité du public pour les anecdotes, les personnalités, les principes séditieux, de donner à la calomnie l'air toujours intéressant du courage, enfin d'attacher une importance excessive aux ouvrages qui sont défendus. On confond toujours les libelles avec la liberté de la presse, et c'est l'esclavage de la presse qui produit les libelles et qui assure leur succès. Ce sont ces précautions minutieuses contre les écrits, comme contre des phalanges ennemies, ce sont ces précautions qui, en leur attribuant une influence imaginaire, grossissent leur influence réelle. Lorsque les hommes voyent des codes entiers de lois prohibitives et des armées d'inquisiteurs, ils doivent supposer bien redoutables les attaques ainsi repoussées. Puisqu'on se donne tant de peine pour écarter de nous ces écrits, doivent-ils se dire, l'impression qu'ils produiraient serait bien profonde, ils portent sans doute avec eux une évidence bien irrésistible!

Une réflexion m'a toujours frappé. Supposons une société antérieure à l'invention du langage, et suppléant à ce moyen de communication rapide et facile par des moyens moins faciles et plus lents. La découverte du langage aurait produit dans cette société une explosion subite. L'on aurait vu des périls gigantesques dans ces sons encore nouveaux, et bien des esprits prudents et sages, de graves magistrats, de vieux administrateurs auraient regretté le bon tems d'un paisible et complet silence; mais la surprise et la frayeur se seraient usées graduellement. Le langage serait devenu un moyen borné dans ses effets; une défiance salutaire, fruit de l'expérience, aurait préservé les auditeurs d'un entraînement irréfléchi; tout enfin serait rentré dans l'ordre, avec cette différence, que les communications sociales, et par conséquent le perfectionnement de tous les arts, la rectification de toutes les idées, auraient conservé un moyen de plus.

Il en sera de même de la presse, par-tout où l'autorité, juste et modérée, ne se mettra pas en lutte avec elle. Le gouvernement anglais ne fut point ébranlé par les célèbres lettres de Junius. En Prusse, sous le règne le plus brillant de cette monarchie, la liberté de la presse fut illimitée. Frédéric, durant quarante-six années, ne déploya jamais son autorité contre aucun écrivain, contre aucun écrit, et la tranquillité de son règne ne fut point troublée, bien qu'il fût agité par des guerres terribles, et qu'il luttât contre l'Europe liguée. C'est que la liberté répand du calme dans l'ame, de la raison dans l'esprit des hommes qui jouissent sans inquiétude de ce bien inestimable. Ce qui le prouve, c'est qu'après la mort de Frédéric, les Ministres de son successeur ayant adopté la conduite opposée, une fermentation générale se fit bientôt sentir. Les écrivains se mirent en lutte contre l'autorité. Ils furent protégés par les tribunaux; et si les nuages qui s'élevèrent sur cet horison, jadis si paisible, ne formèrent pas une tempête, c'est que les restrictions mêmes qu'on tenta d'imposer à la manifestation de la pensée, se ressentaient de la sagesse du grand Frédéric, dont l'ombre magnanime semblait encore veiller sur la Prusse. L'on rendait hommage à la liberté des opinions dans le préambule des édits destinés à les réprimer, et des mesures prohibitives étaient adoucies par la tradition de la liberté.

Ce ne fut point la liberté de la presse qui causa le bouleversement de 1789; la cause immédiate de ce bouleversement fut, comme on le sait, le désordre des finances; et si, depuis cent cinquante ans, la liberté de la presse eût existé en France, ainsi qu'en Angleterre, elle aurait mis un terme à des guerres ruineuses, et une limite à des vices dispendieux. Ce ne fut point la liberté de la presse qui enflamma l'indignation populaire contre les détentions illégales et les lettres de cachet; au contraire, si la liberté de la presse eût existé sous le dernier règne, on aurait su combien ce règne était doux et modéré; l'imagination n'aurait pas été frappée par des suppositions effrayantes, dont la vraisemblance n'était fortifiée que du mystère qui les entourait. Les Gouvernemens ne savent pas le mal qu'ils se font en se réservant le privilège exclusif de parler et d'écrire sur leurs propres actes : on ne croit rien de ce qu'affirme une autorité qui ne permet pas qu'on lui réponde; on croit tout ce qui s'af firme contre une autorité qui ne tolère point d'examen.

Ce ne fut point enfin la liberté de la presse qui entraîna les désordres et le délire d'une révolution malheureuse; c'est la longue privation de la liberté de la presse qui avait rendu le vulgaire des Français ignorant et crédule, et par-là même inquiet et souvent féroce. Dans tout ce qu'on nomme les crimes de la liberté, je ne reconnais que l'éducation de l'arbitraire.

Dans les grandes associations de nos tems modernes, la liberté de la presse étant le seul moyen de publicité, est, par-là même, quelles que soient les formes du Gouvernement, l'unique sauve-garde des citoyens. Collatin pouvait exposer, sur la place publique de Rome, le corps de Lucrèce, et tout le peuple était instruit de l'outrage qu'il avait reçu; le débiteur Plébéïen pouvait montrer à ses frères d'armes indignés, les blessures que lui avait infligées le Patricien avide, son créancier usuraire. Mais de nos jours l'immensité des empires met obstacle à ce mode de réclamation; les injustices partielles restent toujours inconnues à la presque totalité des habitans de nos vastes contrées. Si les Gouvernemens éphémères qui ont tyrannisé la France, ont attiré sur eux la haîne publique, c'est moins par ce qu'ils ont fait, que par ce qu'ils ont avoué : ils se vantaient de leurs injustices; ils les proclamaient dans leurs journaux. Buonaparte est venu, et s'est montré d'abord plus prudent et plus habile; il nous a long-tems opprimés dans le silence, et long-tems aussi l'opinion, qui n'était frappée que par des bruits sourds, interrompus et mal constatés, est restée incertaine, indécise et flottante.

En effet, toutes les barrières civiles, politiques, judiciaires, deviennent illusoires sans la liberté de la presse. Buonaparte a souvent violé l'indépendance des tribunaux: mais ce délit restait couvert d'un voile; les formes étaient supprimées: mais la seule garantie des formes, n'est-ce pas la publicité? l'innocence était plongée dans les fers: mais nulle réclamation n'avertissant les citoyens du danger qui les menaçait tous également, les cachots retenaient impunément leurs victimes à la faveur du silence universel; la représentation nationale était mutilée, asservie, calomniée: mais l'imprimerie n'étant qu'un instrument du pouvoir, l'empire entier retentissait de ces calomnies, sans que la vérité trouvât une voix qui pût s'élever en sa faveur.

Le Gouvernement actuel sera sans doute, sous tous les rapports, l'opposé de celui de Buonaparte, mais si l'esclavage de la presse ne peut avoir, sous un prince sage et modéré, les mêmes inconvéniens que sous un usurpateur tyrannique, il en a d'autres et pour le prince et pour la nation. En comprimant la pensée des citoyens timides et scrupuleux, en environnant d'obstacles les réclamations, l'autorité s'entoure elle-même de ténèbres, elle laisse s'invétérer les abus, elle consacre le despotisme de ses agens les plus subalternes; car la liberté de la presse a cet avantage, que les dépositaires supérieurs de la puissance, je veux dire les ministres, peuvent souvent ignorer les attentats de détail qui se commettent (quelquefois aussi cette ignorance est commode). La liberté de la presse remédie à ces deux inconvéniens; elle éclaire l'autorité quand elle est trompée, et de plus, elle l'empêche de fermer volontairement les yeux.

D'ailleurs, quand on propose aujourd'hui des mesures contre la liberté de la presse, on oublie l'état de l'Europe; elle n'est plus asservie, et la France n'est plus, comme le

Japon, une île qu'un sceptre de fer prive de tout commerce avec le reste du monde. Y a-t-il un moyen d'empêcher qu'un peuple curieux ne reçoive ce que des peuples industrieux s'empresseront de lui porter? Plus les chaînes seraient pesantes, plus la curiosité serait excitée et l'industrie ingénieuse: l'une trouverait son aliment dans la difficulté, l'autre dans le profit. Ne sait-on pas encore que les prohibitions sont une prime à la contrebande? Pour étouffer la liberté de la presse, il a fallu que Buonaparte mît un mur d'airain entre nous et l'Angleterre, qu'il réunît la Hollande, qu'il enchaînât la Suisse et l'Italie, qu'il fît fusiller des libraires et des imprimeurs en Allemagne. Ces mesures ne sont pas à l'usage d'un Gouvernement équitable. Montesquieu a dit qu'il (*) fallait au despotisme des déserts pour frontières : Buonaparte n'a pu gêner la pensée, en France, qu'en entourant cette belle contrée de déserts intellectuels.

Les principes qui doivent diriger un Gouvernement juste sur cette question importante, sont simples et clairs : que les auteurs soient responsables de leurs écrits, quand ils sont publiés, comme tout homme l'est de ses paroles, quand elles sont prononcées; de ses

(*) Esprit des Lois: Liv. 9. chap. 4.

actions, quand elles sont commises. L'orateur qui prêcherait le vol, le meurtre ou le pillage, serait puni de ses discours; mais vous n'imagineriez pas de défendre à tous les citoyens de parler, de peur que l'un d'entre eux ne prêchât le vol ou le meurtre. L'homme qui abuserait de la faculté de marcher pour forcer la porte de ses voisins, ne serait pas admis à réclamer la liberté de la promenade; mais vous ne feriez pas de loi pour que personne n'allât dans les rues, de peur qu'on n'entrât dans les maisons.

2.

La constitution interdit tout acte attentatoire aux libertés et droits ci-dessus, arrestations arbitraires, détentions, exils.

CHAPITRE IX.

DE CE QUI N'EST PAS CONSTITUTIONNEL.

I.

Tout ce qui ne tient pas aux limites et aux attributions respectives des pouvoirs, aux droits politiques, et aux droits individuels, ne fait pas partie de la constitution, mais peut être modifié par le concours du roi, et des deux chambres.

Observations.

Cet article m'a été suggéré par la comparaison que j'ai faite de notre histoire, pendant vingt-cinq ans, avec l'histoire constitutionnelle de l'Angleterre. La constitution anglaise subsiste depuis près d'un siècle et demi (1). Aucune des nôtres n'a duré trois ans. C'est que, tandis qu'en Angleterre il n'y a de constitutionnel que les garanties de l'ordre social et de la liberté publique, comme la Représentation, l'Habeas Corpus, le Bill of Rights, la grande Chartre (encore cette dernière est-elle plutôt un souvenir imposant qu'une garantie applicable à l'état actuel de l'Angleterre), nous avons toujours voulu pourvoir,

---

(1) Je crois devoir répondre ici à ceux qui, pour que nous n'ayons pas de constitution, répètent sans cesse : *l'Angleterre n'a pas de constitution et elle est heureuse* ! l'Angleterre a une constitution, car elle a l'habeas corpus, le *bill of rights*, la grande Chartre même, bien qu'inapplicable dans ses formes, la représentation nationale, le jugement par jurés. Que ces choses ne soient pas

par la constitution, à toutes les occurrences, tant présentes que futures. Nous avons étendu la constitution à tout. C'était faire de chaque détail un danger pour elle. C'était créer des écueils pour l'en entourer.

Le bonheur des sociétés et la sécurité des individus reposent sur certains principes po-

---

réunies et rédigées en articles qui se suivent, peu importe; ce sont des lois fondamentales que nul ne peut violer. L'Angleterre a de plus ce qu'elle appelle des *Précédents*, c'est à dire une législation formée par un long usage de la liberté. Nous n'avons rien de tout cela. La révolution a détruit ce qui existait, et n'a rien laissé à la place. D'ailleurs nous avons toujours aimé à faire maison nette de nos souvenirs tous les cinquante ans : il faut espérer qu'il en sera autrement, quand nous aurons une maison commode et bien meublée; mais jusqu'à présent cela est, et l'on nous propose de nous y tenir. On veut nous donner pour constitution quelques traditions douteuses de coutumes oubliées. Il est si vrai que ces traditions sont douteuses et ces coutumes oubliées, que ceux qui se réunissent pour les vanter, se divisent quand ils les décrivent. Après un bouleversement qui a mis en opposition beaucoup d'intérêts, en fermentation toutes les idées, et qui, depuis vingt-cinq ans, a empêché toute une génération de contracter aucune habitude, c'est dans des ruines habitées par des fantômes qu'on nous conseille de nous loger.

sitifs et immuables. Ces principes sont vrais dans tous les climats, sous toutes les latitudes. Ils ne peuvent jamais varier, quelle que soit l'étendue d'un pays, ses mœurs, sa croyance et ses usages. Il est incontestable, dans un hameau de cent vingt cabanes, comme dans une nation de trente millions d'hommes, que nul ne doit être arrêté arbitrairement, puni sans avoir été jugé, jugé qu'en vertu de lois consenties, et suivant des formes prescrites, empêché enfin d'exercer ses facultés physiques, morales, intellectuelles, et industrielles, d'une manière innocente et paisible. Une constitution est la garantie de ces principes. Par conséquent, tout ce qui tient à ces principes est constitutionnel, et, par conséquent aussi, rien n'est constitutionnel de ce qui n'y tient pas. Ces principes ne doivent pas pouvoir être abjurés par toutes les autorités réunies. Mais la réunion de ces autorités doit être autorisée à prononcer sur tout ce qui n'est pas contraire à ces principes. Ainsi, en Angleterre, le concours du roi et des deux chambres peut faire, aux ressorts du gouvernement et de l'administration, tous les changemens qui semblent nécessaires.

Renfermer une constitution dans ces limites naturelles, est une meilleure garantie de sa durée, que l'appui trompeur d'une vénération superstitieuse. A entendre tous nos faiseurs de constitutions, l'on eût dit que l'attachement et l'enthousiasme étaient des propriétés transmissibles, appartenant de droit à la constitution du jour. Ces démonstrations de respect pour l'ensemble d'une constitution nouvelle et mal connue, puisqu'elle n'a pas encore subi l'épreuve de l'expérience, sont des actes d'hyocrisie ou tout au moins d'affectation, qui ont les inconvéniens inséparables de l'absence de justesse et de l'absence de vérité. Le peuple y croit, ou le peuple n'y croit pas. S'il y croit, il regarde la constitution comme un tout indivisible, et lorsque les frottemens occasionnés par les défauts de cette constitution le blessent, il s'en détache et la prend en haine. Si, au contraire, le peuple ne croit pas à la vénération qu'on professe, il s'accoutume à soupçonner ses chefs de duplicité, et il révoque en doute tout ce qu'ils lui disent.

Une constitution qui contient une multitude de dispositions réglementaires, sera infailliblement violée. Elle le sera dans les petites choses, parce que les entraves que le gouvernement rencontrera dans son action nécessaire, retombant toujours sur les gouvernés, ils invoqueront eux-mêmes cette violation. Mais cette constitution sera aussi violée dans les grandes choses, parce que les dépositaires de l'autorité partiront de sa violation dans les petites, pour s'arroger la même liberté sur des objets plus importans.

Si, pour des considérations d'une utilité médiocre, diront-ils, il est permis de s'écarter de la chartre constitutionnelle, à plus forte raison doit-il être légitime de l'enfreindre, quand c'est le seul moyen de sauver l'état. Que de fois j'ai entendu répéter qu'il fallait sortir de la constitution pour la défendre, comme la garnison d'une place assiégée fait une sortie contre les assiégeans qui l'entourent! Cette logique m'aurait rappelé celle du berger dans l'avocat patelin, si j'eusse pu envigager du côté ridicule, une doctrine pernicieuse à-la-fois, et par les maux immédiats qu'elle causait, et par les maux éloignés qu'elle laissait craindre.

La sobriété dans les articles constitutionnels a cet avantage, qu'alors on peut changer tout ce qui n'est pas compris dans ces articles, sans effrayer l'opinion sur ces changemens, et sans donner à l'état une secousse toujours dangereuse.

L'homme a une facilité singulière à manquer à ses devoirs réels, lorsqu'une fois il s'est affranchi d'un devoir imaginaire. Cette vérité de morale peut être appliquée aux constitutions. Lorsque la plus légère modification apportée aux limites d'un département, à la circonscription d'un canton, parait une atteinte au pacte social, les bases mêmes du pacte social sont menacées. Toutes les fois que pour atteindre un but il faut un effort, il est à craindre que le but ne soit dépassé par cet effort. Lorsqu'au contraire la route est tracée, le mouvement devient régulier. Les hommes s'étant dit où ils veulent arriver et quels moyens il faut prendre, ne s'élancent pas au hazard, esclaves de l'impulsion qu'ils se sont donnée.

L'axiome des barons Anglais: nous ne voulons pas changer les lois d'Angleterre, est beaucoup plus raisonnable que s'ils eussent dit: nous ne pouvons pas les changer. Le refus de changer les lois, parce qu'on ne veut pas les changer, s'explique, ou par la bonté intrinsèque de ces lois, ou par l'inconvénient d'un changement immédiat. Mais un tel refus, motivé sur je ne sais quelle impossibilité mystérieuse, devient inintelligible. Quelle est la cause de cette impossibilité? Où est la réalité de la barrière que l'on nous oppose? Toutes les fois qu'en matière de raisonnement l'on met la raison hors de la question, l'on ne sait plus d'où l'on part ni où l'on va.

Je ne connais rien de si ridicule que ce qui s'est renouvellé sans cesse durant notre révolution. Une constitution se rédige : on la discute, on la décrète, on la met en activité. Mille lacunes se découvrent, mille superfluités se rencontrent, mille doutes s'élèvent. On commente la constitution, on l'interprète comme un manuscrit ancien qu'on aurait nouvellement déterré. La constitution ne s'explique pas, dit-on, la constitution se tait, la constitution a des parties ténébreuses (1). Croyez-vous donc qu'un peuple se gouverne par des énigmes? Ce qui fut hier l'objet d'une critique sévère et publique, peut-il aujourd'hui, tout-à-coup, se transformer en objet de vénération silentieuse et d'implicite adoration?

---

(1) J'ai entendu ces propres paroles prononcées à la tribune.

Organisez bien vos divers pouvoirs, intéressez toute leur existence, toute leur moralité, toutes leurs espérances honorables à la conservation de votre établissement public; et si toutes les autorités réunies veulent profiter de l'expérience, pour opérer des changemens qui n'attentent ni au principe de la représentation, ni à la sûreté personnelle, ni à la manifestation de la pensée, ni à l'indépendance du pouvoir judiciaire, laissez-leur toute liberté sous ce rapport. Si l'ensemble de vos autorités abuse de cette prérogative, c'est que votre constitution était vicieuse; car si elle eût été bonne, elle leur aurait donné l'intérêt de n'en pas abuser. Quelle est la garantie d'un Gouvernement durable, dit Aristote? C'est que les différens ordres de l'état l'aiment tel qu'il est, et n'y veuillent point de changement (1).

Les Constitutions se font rarement par la volonté des hommes: le tems les fait; elles s'introduisent graduellement, et d'une manière insensible. Cependant, il y a des circonstances, et celle où nous nous trouvons est de ce nombre, qui rendent indispensable

(1) Aristot. Polit. II. 7.

de faire une Constitution; mais alors ne faites que ce qui est indispensable : laissez de l'espace au tems et à l'expérience, pour que ces deux puissances réformatrices dirigent vos pouvoirs, déjà constitués dans l'amélioration de ce qui est fait, et dans l'achèvement de ce qui reste à faire.

FIN.

ERRATA.

Page 2, ligne 13, connus, *lisez* conçus.
Page 44, ligne 26, ministre, *lisez* ministère.
Page 54, ligne 7, ces fautes, *lisez* ses fautes.
Page 80, ligne 19, Je ne dis ici, *lisez*, Je ne dis ceci.
Page 89, ligne 21, juridiction, *lisez* jurisdictions.
Page 111, ligne 17, un revenu, *lisez*, en revenu.
Page 137, ligne 8, seraient, *lisez*, serait.

TABLE DES MATIÈRES.

www.ingramcontent.com/pod-product-compliance
Ingram Content Group UK Ltd.
Pitfield, Milton Keynes, MK11 3LW, UK
UKHW031847260826
14628UKWH00002B/636